말도 예쁘게 하는 당신에게

____________________ 드림

곰달작가
고은지

내 말은 왜
오해를 부를까

소통이 어려워 손해 보는 당신을 위한
현실 밀착 대화 공식

내 말은 왜 오해를 부를까

소통이 어려워 손해 보는 당신을 위한 현실 밀착 대화 공식

글 김윤나 그림 고은지

나무의마음

작가의 말

이해받는 말, 오해받는 말

이런 분들, 주목해 보세요.

소신 있게 일하려다 인간관계까지 힘들어진 사람

낯을 좀 가릴 뿐인데 사회성이 없는 사람으로 오해받는 사람

진지하게 들어 줬는데도 공감 능력이 부족하다는 말을 듣는 사람

열심히 도와줬지만 혼자 잘난 척한다는 평가를 받는 사람

현실적으로 말했을 뿐인데 부정적이라는 소리를 듣는 사람

싫은 소리 하지 않고 배려했더니 만만하게 여겨진 사람

솔직하게 말했더니 비호감이 되어 버린 사람

이 책은 언젠가 한 번쯤 '내 말은 그런 뜻이 아니었는데…' 하고 고민해 본 사람들을 위한 책입니다. '이해받고 싶어서 한 말'이 오히려 '오해를 불러일으켜 속상했던' 사람들을 위한 대화 처방전이죠.

내 말이 오해받는 이유는 '고착화된 말씨' 때문입니다. 말씨란 말하는 사람에게서 드러나는 '태도'와 '습관'을 말해요. 말씨는 하루아침에 형성된 것이 아니라, 타고난 기질과 후천적으로 형성된 성격, 그리고 어린 시절부터 쌓아온 관찰과 학습을 통해 완성돼요. 대개는 자신이 어떤 말씨를 지녔는지조차 의식하지 못한 채 습관적으로 사용하지요. 그러나 대화는 정교하고 미묘한 대인관계 기술이에요. 상황과 맥락, 목적과 주제, 관계에 따라 고려해야 할 요소가 많아요. 하지만 이러한 디테일을 반영하지 못하고 '내 스타일대로만' 대화하다 보면, 의도와는 달리 메시지가 왜곡될 수 있어요.

저는 소통 전문가로서 강의, 코칭, 글쓰기를 하며 다양한 사람들과 대화를 나눕니다. 직업의 특성상 하루가 멀다 하고 새로운 사람을 만나는데, 같은 상황에서도 사람마다 말씨가 얼마나 다른지 새삼 깨닫곤 해요. 그리고 특정 말씨를 쓰다 보면 자신도 모르는 '사각지대'가 생긴다는 것도 알게 되었죠. 굳어진 말씨 때문에, 대화에서 결정적인 한 가지를 놓칠 수 있다는 뜻입니다. 예를 들어, 자기 의견을 피력하느라 상대의 감정을 살피지 못하거나, 대화 분위기를 깨지 않으려고 조심하다가 해야 할 말을 제때 못 하게 되는 경우처럼요.

이 책의 목표는 당신이 '따뜻함'과 '유능함' 두 가지 측면에서 균형 잡힌 말씨를 익히도록 돕는 것입니다. 끌리는 사람들의 공통점을 분석한 연구에 따르면, 200가지가 넘는 인간의 행동 특성 중 특히 '따뜻함'과 '유능함'이 깊은 인상을 남긴대요. 이 두 가지 특성이 조화를 이룰 때, 사람들에게 긍정적인 영향을 미칠 수 있다는 의미죠. 이 책을 통해 따뜻하고 유능한 말씨의 감각을 익히고, 자신의 의견을 세련되게 어필하면서도 타인을 존중하고 배려하는 대화 능력을 키웠으면 좋겠습니다.

이 책의 열 개 챕터는 실전 대화 능력을 키우기 위해 선별한 현실 밀착 상황을 중심으로 구성되었어요. 의견이 다를 때 신경질 내지 않고 부드럽게 말하는 '반대의 말씨'부터 오해를 피하면서도 품위를 지키는 '호감의 말씨'까지, 실제 대화에서 바로 적용할 수 있는 내용이 담겨 있습니다. 강연장에서 직접 만난 사람들, 관찰을 통해 알게 된 사례, 상담실에서 내담자와 나눈 이야기까지 누구나 한 번쯤 경험했을 법한 생생한 문제 상황들을 다뤘습니다.

이 책은 순서대로 읽어도 좋고, 관심 있는 장부터 골라 읽어도 괜찮아요. 어느 페이지에서 시작해도 부담 없이 읽을 수 있도록 구성했으니까요. 말씨 연습은 외국어 학습과 같은 원리입니다. 여러 번 읽고, 단어나 문장을 외워 가면서, 실전에서 반복적으로 사용할수록 점점 더 자연스럽고 유창한 대화가 가능해질 거예요.

무엇보다 이 책의 특별한 매력은 고은지 작가의 손끝에서 탄생한 사랑스러운 캐릭터들입니다. 가볍게 읽기 시작했다가도 이 친구들의 치명적 매력에 빠져 헤어나오기 어려울지도 몰라요. 때로는 말씨가 서툰 개구리와 공룡의 대화에 뜨끔했다가도, 어느새 '힐링곰 꽁달이'의 따뜻하고 유능한 말씨에 푹 빠져 읽게 될 것입니다.

말씨가 당신의 전부는 아니지만, 세상은 말씨를 통해 당신이 어떤 사람인지 판단하려 합니다. 좋은 의도를 제대로 알기도 전에 먼저 평가하고, 때로는 오해하기도 하죠. 그럴 때는 속상해하지만 말고, 실력을 키우면 됩니다. 말씨는 타고나는 것이 아니라, 노력한 만큼 더 잘할 수 있는 학습의 영역이니까요. 따뜻하고 유능한 말은 불가능한 일을 가능하게 하고, 사람을 내 곁에 머물게 하는 힘이 있습니다. 바로 그 힘은 당신이 본래 가진 것들을 더욱 빛나게 해 줄 거예요.

말마음연구실에서
김윤나

차례

2부 어색해하지 말고 다정하게 | 친밀의 말씨

3부 애쓰지 않고 진솔하게 | 위로의 말씨

6부 냉담해지지 말고 원활하게 | 해결의 말씨

SUMMARY | 해결의 말씨로 책임감 있고 믿음직한 문제 해결 능력을 보여 주세요!

7부 어려워하지 말고 정중하게 | 거절과 부탁의 말씨

SUMMARY | 거절과 부탁의 말씨로 건강하고 유연한 관계를 만들어 보세요!

8부 불편해하지 말고 똑똑하게 | 자기 보호의 말씨

9부 휘둘리지 않고 단단하게 | 불평불만·뒷담화 대처 말씨

10부 오해받지 말고 품위 있게 | 비호감 방지 말씨

SUMMARY | 비호감 방지 말씨로 품위 있게 자신을 지키고 타인을 배려해 보세요!

1부

신경질 내지 않고 부드럽게 반대의 말씨

1

상대의 말을 부정하지 않고 대화 이어 가기

상대의 말이 끝나자마자
"아니"라고 말하지는 않나요?

아니, 그게 아니라.

응, 그렇기도 하고.

대화는 이어달리기와 같습니다. 상대가 말을 건네면, 다음 주자는 그 말을 잘 받아서 자연스럽게 이어 가는 것이 중요해요. 그래야 대화가 부드럽게 연결됩니다. 하지만 아래 대화에서는 한 사람이 계속 배턴을 놓치고 있네요. 어떤 상황인지 살펴볼까요?

A "그러게… 네가 힘들었겠다."

B "**아니, 그게 아니라** 그런 상황이 불편하다는 거지."

A "…그럼 못 하겠다고 말해야겠네?"

B "**아니, 그렇다기보다는** 좀 더 생각을 해 봐야 할 것 같아."

A "…그래." (왜 말끝마다 아니라는 거지?)

B에게 불편한 일이 생겼습니다. A는 B의 상황을 이해하려고 노력하고 있지만, 대화가 자꾸 끊기는 느낌이 듭니다. A가 건넨 말의 배턴을 B가 받아 주지 않고 자꾸 쳐 내니까 A의 기분이 상하게 된 거죠. 이때 주목해야 할 것은 "아니", "그게 아니라"로 시작하는 B의 말씨입니다. "힘들겠다"라는 A의 공감에 대해 B가 가장 먼저 한 말은 "아니, 그게 아니라"입니다. "그럼 못 하겠다고 말해야겠네"라는 A의 반응에도 "아니, 그렇다기

보다는"이라고 말하며 상대의 말을 먼저 부정하고 있습니다.

여기서 '아니'는 대조를 나타내는 담화표지談話標識입니다. 담화표지는 내용 자체에는 직접적인 영향을 미치지 않지만, 화자의 의도나 감정을 강조하고, 예고, 요약, 열거, 예시, 인과, 대조 등 의미를 명확히 전달하는 역할을 합니다. 예를 들어 '그런데'는 대조를, '그러므로'는 인과관계를, '정리하자면'은 요약을 나타내는 담화표지예요. 일상 대화에서 담화표지를 사용하지 않기는 어려울 정도로 자주 쓰이고 있습니다. 따라서 앞의 대화에서 B가 '아니'라고 말한 것도 상대를 기분 나쁘게 하려는 의도가 있었다기보다는, 자신의 생각을 강조하기 위한 습관적인 표현일 가능성이 큽니다.

하지만 '아니'라는 부정적 표현은 상대에게도 부정적인 느낌을 줄 수 있습니다. '아니'는 본래 부정이나 반대의 뜻을 나타내는 말입니다. 즉, 상대가 한 공감이나 걱정의 말에 대해 "그건 틀렸어", "나는 반대해"라는 메시지로 전달될 수 있어요. 상대방이 공감을 하려고 노력하는데도 계속해서 'No'라는 반응이 돌아오면 민망하고, 서운하고, 심지어 짜증까지 날 수 있어요.

부정하기: 상대방의 말이 적절하지 않다는
피드백으로 전달되어 불편한 감정을 유발합니다.

앞으로 나의 생각을 더 정확하게 표현하고 싶다면 '부분 긍정하는 말씨'를 사용해 보세요. No가 아니라 Yes의 담화표지를 사용하는 겁니다. 즉 "아니", "그게 아니라" 대신 "응, 그렇기도 하고", "맞아, 그것도 그래"

같은 표현을 사용해서 상대의 말을 긍정적으로 맞이하는 거죠. 이는 '그래 네 말이 맞아'라는 완전한 동의와는 다릅니다. '어떤 면에서는 그렇다', '크게 다르지 않다'는 표현인 셈이죠. 이후에 내가 강조하고 싶은 내용을 덧붙이면 됩니다.

'부분 긍정하는 말씨' 연습

- ✔ **응, 그렇기도 하고.**
- ✔ **맞아, 그럴 수도 있고.**
- ✔ **그래, 그것도 그렇고.**

'아니'는 대화를 똑똑 끊어 내는 말 습관이에요. 사람들은 이 말을 자주 반복하면서도 스스로는 알아차리지 못하는 경우가 많아요. 나 역시 불필요한 '아니'로 상대가 건네는 배턴을 놓치고 있지는 않은지 한 번 점검해 보세요!

A "그러게… 네가 힘들었겠다."

B **"응, 그렇기도 하고.** 그런 상황이 불편하더라고."

A "…그럼 못 하겠다고 말해야겠네?"

B **"그럴 수도 있고,** 좀 더 생각을 해 봐야 할 것 같아."

A "그래. 나 같아도 고민되겠어."

말씨 미세 교정

상대와 말을 이어 가고 싶다면 완전 부정의 표현 대신, 부분 긍정하는 말씨를 사용한다.

2

나와 생각이 다른 사람의 말에 호응하기

상대의 말에 동의하지 않을 때
'무반응'으로 일관하지는 않나요?

그렇게도 생각할 수 있겠네.

대화에서 어떤 말씨를 사용하느냐에 따라 생각의 차이가 학습이 될 수도 있고 갈등이 될 수도 있습니다. 아래 A와 B의 대화를 보면 두 사람이 서로 다른 입장을 고수하다 보니 대화가 단절되어 버렸는데요, 어떻게 대화의 방향을 바꿀 수 있을지 함께 살펴볼까요?

A "아이는 낳아야지. 혼자 잘 살다 간다고 삶이 의미가 있나?"

B "꼭 아이를 낳아야 삶이 의미 있다고 할 수는 없지." **(절레절레)**

A "하지만 인간도 종족 보존의 본능에서 자유로울 수 없잖아?"

B "아무리 그래도 삶의 의미는 정해진 게 아니지."

A "야! 그렇게 말하는 사람이 나이 들어 꼭 후회하더라."

B "뭐가 또 꼭이야…." **(무표정)**

A "…." **(입 꾹)**

A는 아이를 낳는 것이 삶의 의미라고 생각합니다. 반면, B는 삶의 의미가 개인의 가치에 따라 달라진다고 보는 입장이죠. 여기에 옳고 그름은 없습니다. 중요한 것은 A와 B가 서로의 말을 듣지 않고 호응하지 않는다는 점입니다. 사람들은 상대의 말에 동의하지 않을 때 보통 고개를

끄덕이지 않고, 눈을 마주치지 않습니다. "응", "그래" 같은 맞장구도 치지 않지요. 대신 미간을 찌푸리거나, 고개를 가로젓거나, 팔짱을 끼면서 '나는 네 의견에 동의하지 않아'라는 비언어적 신호를 강력하게 보냅니다.

심리학자 앨버트 메러비안Albert Mehrabian은 《침묵의 메시지Silent Messages》에서 상대의 인상을 형성하는 데 언어적 요소는 약 7% 정도 영향을 미치는 데 반해, 비언어적 요소인 청각적 요소(목소리 톤 등)는 38% 정도, 시각적 요소(표정, 시선, 몸짓)는 55% 정도 영향을 미친다고 주장합니다. 이 메러비안 법칙은 커뮤니케이션에서 비언어적 요소가 얼마나 중요한 역할을 하는지를 잘 보여 줍니다.

즉, 상대의 말에 아무런 호응도 하지 않으면서 부정적인 표정과 몸짓을 드러내는 것은 상대에게 '수동 공격적 태도'로 전달될 수 있습니다. 수동 공격성Passive-Aggressiveness이란 하고 싶은 말을 직접적으로 표현하지 못하고, 대신 간접적인 방식으로 공격성을 드러내는 것을 말합니다. 무반응 또는 부정적인 비언어적 신호로 상대의 의견을 부정하거나 무시하게 되면, 상대 역시 이를 감지하고 방어적으로 변하면서 물러서지 않기 위해 자신의 주장을 더 강하게 표현하게 되지요.

무반응 하기: 언어적, 비언어적으로 상대의 의견에 호응하지 않는 수동 공격적인 태도입니다.

반면, 조심스러운 대화 주제를 다룰 때도 감정적으로 날카로워지지 않고 편안한 분위기를 유지하는 사람들이 있습니다. 이들은 자유롭게 서로 다른 생각을 말할 수 있도록 '차이를 인정하는 말씨'를 사용합니다. 무반응으로 일관하지 않고, "그래, 사람마다 의견이 다를 수 있지", "오! 그것도 흥미롭네" 같은 말을 하며 눈을 맞추고, 고개를 끄덕이며 듣는 거죠.

'차이를 인정하는 말씨' 연습

- ✓ **아, 그렇게도 생각할 수 있겠네.**
- ✓ **그래, 사람마다 의견이 다르네.**
- ✓ **아하, 그것도 흥미롭네.**

"그래, 그렇게도 생각할 수 있지", "서로 생각이 다르네" 같은 말을 자주 하고 고개를 끄덕일수록 대화 중의 팽팽한 긴장감을 해소할 수 있습니다. 이처럼 내가 먼저 수용적인 몸짓과 언어를 사용하면, 상대도 수동 공격적인 태세를 풀고 내 의견에 귀를 기울이게 되지요. 따라서 상대의 말에 동의하지 않을 때도 "하지만", "아무리 그래도" 같은 표현을 쓰지 않고도 충분히 자신의 생각을 전달할 수 있다는 점을 기억하세요!

A "아이는 낳아야지. 혼자 잘 살다 간다고 삶이 의미가 있나?"

B **"그렇게도 생각할 수 있지.** 나는 그렇지 않을 수도 있다고 봐."

A "하지만 인간도 종족 보존의 본능에서 자유로울 수 없잖아?"

B **"그것도 흥미롭네.** 나는 삶의 의미는 개인의 가치에 따라 달라진다고 봐."

A "그렇게 말해도 주변에 보면 나이 들어 후회하는 사람이 많더라고…."

B **"그래, 사람마다 다를 테니까."**

A "하긴… 기준이 다를 수는 있으니까."

상대가 나와 생각이 다르다고 해서 무반응 하지 말고, 차이를 인정하는 말씨를 사용한다.

3

상대의 생각을 존중하면서 내 의견 제시하기

내 의견을 주장하기 위해
"그러지 말고!"라고 말하지는 않나요?

그래. 이번에는 이런 관점에서 생각해 보자.

자신의 의견을 주장할 때 불필요하게 상대의 감정을 자극하는 사람이 있는가 하면, 세련되고 부드럽게 의견을 제시하는 사람도 있지요. 이 차이는 어디서 비롯될까요? 다음의 대화를 통해 방법을 찾아보겠습니다.

A "음… 자료 조사를 더 하면 어때?"

B "**그게 아니지.** 우선 일을 시작하자."

A "그럼, 내가 기한을 확인해 볼게. 시간을 더 벌 수 있는지…."

B "**그러지 말고,** 그냥 일을 먼저 나눠서 해."

A "…." (다 자기 마음대로네…. 기분 나빠….)

두 사람은 협업 과정에서 서로 다른 방식으로 접근하려 하네요. A는 시간을 확보해서 자료 조사를 더 하고 싶어 하고, B는 우선 빠르게 일을 나누어 시작하기를 원합니다. 일을 하다 보면 이런 차이는 얼마든지 생길 수 있고, 조율만 잘한다면 오히려 일의 성과를 높이는 데 도움이 되죠.

그러나 B처럼 상대의 의견을 전혀 고려하지 않고 자신의 의견을 일방적으로 밀어붙이면 협력 관계가 깨질 수 있습니다. B 역시 일을 잘해 보려고 하는 것이겠지만, 'A는 틀리고 B가 맞다'는 식의 대화를 지속하면 결국 팀워크를 해치게 되죠. 보통 자신감이 넘치고, 자기주장이 강한 사람들이 이런 대화 패턴을 보이기 쉽습니다.

'그러지 말고', '그게 아니지', '그것보다는' 같은 표현은 자신의 생각이 옳음을 강조하며 상대의 의견을 무시하는 말입니다. 그러나 협력 관계에서는 서로의 의견을 '타당화Validation' 하는 과정이 중요합니다. 타당화란 상대의 의견, 감정, 경험에 나름의 이유나 맥락이 있음을 인정하고 수용하는 과정입니다.

무시하기: 상대의 의견을 중요하게 고려하지 않는다는 메시지를 전달하여 팀워크를 해칩니다.

〈하버드 비즈니스 리뷰〉의 '더 협력적이 되기: 통제하고 싶을 때'에 따르면 생산적이고 효과적으로 의사소통하려면 자신의 입장을 선택지 중 하나로 제시하는 전략이 필요하다고 말합니다. 즉, 자신의 의견을 상대에게 강요하면 협업의 가능성을 차단하지만, 서로의 선택지를 존중하며 대화를 이끌어 가면, 사람도 일도 모두 챙길 수 있다는 뜻입니다.

협력적 대화를 잘하는 사람들은 '새로운 프레임을 제안하는 말씨'를 사용합니다. 즉, '그게 아니지'라고 단정하며 상대의 의견을 배제하는 대신, 새로운 관점을 제안하여 나와 상대의 생각이 모두 타당하다는 점을 인정하는 것이죠.

'새로운 프레임을 제안하는 말씨' 연습

- ✔ 그렇군. 너는 ~ 기준에서 생각한 것 같아.
- ✔ 응. 그러면 ~ 측면에서도 고민해 보자.
- ✔ 그렇구나. 나는 ~ 입장에서 말하고 싶어.

새로운 프레임을 제안하는 것은 "너는 ~ 기준에서 생각했구나"처럼 상대의 의견에 일리가 있음을 먼저 인정한 뒤, "이번에는 ~ 측면에서 생각해 보자", "나는 ~ 입장에서 말하고 싶어"처럼 다른 관점, 기준, 시야, 측면, 입장에서 새로운 의견을 추가하는 대화 방식입니다. 이러한 말씨는 대립적인 분위기를 만들지 않고, 우리가 한 팀으로 문제를 해결하고 있다는 협력적인 구도를 형성해 일의 생산성을 높여 줍니다.

A "음… 자료 조사를 더 하면 어때?"

B "그래? 나는 작업을 먼저 시작했으면 하는데… 괜찮아?"

A "우선 시작을 해 보자고?"

B "응. 넌 완성도를 고려했다면, 난 효율성을 고려했으면 해서…."

A "오케이! 기한은 내가 확인해 볼게."

상대의 의견을 무시하는 대신 새로운 프레임을 제안하는 말씨를 사용한다.

4

나와 다른 취향에도 우호적으로 반응하기

상대가 좋다고 말하자마자
"나는 싫어"라고 말하지는 않나요?

난 그거 싫더라.

오, 그래~ 그 노래가?

대화를 나눌 때 흥을 돋우는 사람이 있는가 하면, 반대로 흥을 깨 버려서 더 이상 대화하고 싶지 않게 만드는 사람도 있지요. 당신은 어느 쪽인가요? 다음의 대화를 통해서 나와 선호와 취향이 다른 상대의 말에 어떻게 반응하는 것이 좋을지 생각해 볼게요.

A　"요즘 그 노래가 너무 좋아서 완전 빠진 거 있지!"

B　"난 그거 싫던데."

A　"아… 그래? 난 좋더라고…." (김 빠져….)

B　"그게 왜 좋다는 건지 모르겠어."

A　"…." (나는 네가 왜 그러는지 모르겠다….)

A는 최근 좋아하게 된 노래를 이야기합니다. 하지만 B는 A의 말이 끝나자마자 자신은 그 노래가 싫다고 말했죠. 신나게 이야기하던 A는 머쓱해졌습니다.

B가 "난 그거 싫던데"라고 반응한 이유는 무엇일까요? B의 반응은 자기중심성Egocentrism으로 설명할 수 있습니다. 자기중심성은 자신의 관점에서만 대상을 보고 말하는 태도를 의미합니다. 이는 다른 사람의 관점

을 이해하거나 고려하지 못하는 상태로, 마치 어린아이가 자신이 좋아하는 것을 남도 당연히 좋아할 거라고 생각하거나, 자신이 알고 있는 것을 남도 알고 있다고 여기는 것과 비슷합니다.

이 대화에서 B는 A를 싫어하거나 배려하지 않은 것이 아니라, A의 관점을 고려하지 않고 그저 자기 기준에서 보고, 듣고, 느끼는 대로 말하기 때문에 대화의 흐름을 끊고 분위기를 깨뜨린 것이죠.

찬물 끼얹기: 자기중심적으로 말하느라 상대와 소통하지 못하고 대화의 흥을 깨어 버립니다.

자기중심성에서 벗어나려면 무엇보다 공감 능력을 기르는 것이 중요한데요, 이때 '흥을 잇는 추임새 말씨' 연습이 도움이 됩니다. 추임새는 판소리에서 고수의 역할과도 같습니다. 고수는 명창이 노래를 할 때 옆에서 북을 치는 사람을 말해요. 이때 고수는 박자를 맞추는 일만 하지 않습니다. 연주를 통해 공연의 리듬을 이끌어 가면서도 "좋다", "얼씨구" 같은 말을 추임새로 넣어 흥을 돋우는 역할을 합니다.

대화에서도 마찬가지입니다. 상대의 말에 맞춰 다양한 추임새 말씨를 사용하면 공감이 자연스럽게 표현되는데요. "오~", "그래?" 같은 간단한 호응을 한 뒤, 상대가 방금 한 말에서 핵심 단어를 반복해 주면 더욱 효과적입니다. 예를 들어 A가 "그 노래가 너무 좋은 거야"라고 말했다면 B는 "오~ 그래?", "그래? 그 노래가?", "너무 좋았어?" 정도로 맞장구치면 됩니다. 이런 추임새를 잘하려면 다른 사람이 말하는 동안 자기 생각에 빠지지 않고, 상대의 말에 집중하는 것이 중요합니다. 자꾸

'나는 아닌데?', '나는 그거 싫던데?' 하면서 '나'에게만 초점을 맞추면 자연스러운 반응이 나오기 어려워요.

'흥을 잇는 추임새 말씨' 연습

- ✔ **오~ 완전히 빠졌어?**
- ✔ **그래? 그 정도로?**
- ✔ **네가 좋으면 됐지!**

나와 생각과 취향이 다르더라도, 바로 "나는 싫어"라고 말하기보다는 먼저 상대의 관점에서 대화를 나눈 후 내 생각을 덧붙이면 더욱 부드럽게 소통할 수 있습니다. 예를 들어, "난 잘 모르겠어", "난 취향이 좀 달라" 하면서 자연스럽게 이어 가면 됩니다. 대화에서는 말의 내용뿐만 아니라, 말하는 순서와 타이밍도 매우 중요하거든요. 공감은 '너' 다음에 '나', 이 순서를 지키는 것이 핵심이에요.

A "요즘 그 노래가 너무 좋아서 완전 빠진 거 있지!"

B **"오. 그래~ 그 노래가?"**

A "응. 매일 들어. 들을 때마다 막 힘이 나는 것 같아."

B **"막 힘이 날 정도로?!"**

A "나는 그렇더라고! 너는 이 노래 좋아해?"

B **"네가 좋으면 됐지. 난 좀 취향이 달라~"**

나와 취향이 다르더라도 소통을 위해 흥을 잇는 추임새 말씨를 사용한다.

5

억지로 공감하지 말고 이해하려고 시도하기

상대에게 공감이 되지 않는데도
"이해해"라고 말하지는 않나요?

이해해. 그런데 말이야.

어떻게 된 거야?

사람은 누구나 이해받고 싶은 욕구를 가지고 있습니다. 누군가 나의 마음을 알아주고 공감해 줄 때 심리적 안정감을 얻습니다. 이 안정감 덕분에 더 솔직하게 자신의 상황을 돌아볼 수 있는 힘이 생기게 되지요. 하지만 다음의 대화에서 B가 놓치고 있는 것은 무엇인지 생각해 볼까요?

A "봤어? 나만 어려운 과제 몰아준 거? 걔가 분명히 날 골탕 먹이려는 거야!"

B "에이, 그건 서로 역할이 다른 거잖아."

A "아니야, 아무리 그래도 이 정도면 고의적이지."

B "**이해해. 그렇지만** 그건 좀 억지 같은데."

A "야! 네가 몰라서 그래!"

B **"알겠어~ 알겠어!"**

A와 B는 친구 C에 대해 서로 다르게 생각합니다. A는 C가 일부러 자신을 골탕 먹이려 한다고 느끼지만, B는 A가 억지를 부린다고 생각하죠.

이 대화에서 B는 "이해해"라고 말은 했지만, 실제로 A의 입장을 헤아리고 있다고 느껴지지 않습니다. 오히려 A의 생각이 틀렸다고 지적하고, 대화가 진전되지 않자 "알겠어" 하면서 대화를 회피하려 하죠. 이처럼 말과 태도가 다를 때 사람들은 자신이 더욱 이해받지 못한다고 느낍니다. 따라서 B가 "이해해. 그렇지만"이라고 말할수록 A는 오히려 자신의 의견을 더욱 강하게 주장하려 하겠지요.

이해하는 척하기: 오히려 이해받지 못한다고 느껴 상대가 자기 생각을 더욱 고집하게 만듭니다.

이럴 때는 '관점을 파악하는 말씨'를 사용하면 도움이 됩니다. 상대를 이해하는 척하는 것이 아니라 더 알아보기 위해 대화를 시도하는 것입니다. 우리는 다른 사람을 완전히 이해할 수 없습니다. 흔히 역지사지易地思之, 즉, 상대의 입장에서 생각해 보라고 하지만 말처럼 쉬운 일은 아니죠. 심리학에서는 이를 조망 수용Perspective Taking이라고 부르는데요, 조망 수용이란 다른 사람의 생각이나 관점을 이해하고 추론하는 능력을 의미합니다. 즉, 상대의 입장에서 상황을 바라보려는 시도죠.

그런데 〈하버드 비즈니스 리뷰〉의 '더 공감적인 경청자가 되는 법'에 따르면, 조망 수용은 상대를 배려하는 태도에는 도움이 되지만 상대가 실제로 어떻게 느끼는지는 정확히 알 수 없다는 한계가 있다고 말합니다. 예를 들어, 미혼인 친구가 결혼하고 아이가 있는 친구의 입장을 이해한다고 가정해 볼게요. 아무리 그 친구의 상황을 헤아리려 해도 결국 자신의 방식대로 해석할 수밖에 없습니다. 친구가 실제로 어떤 감정을 느끼고, 무엇을 생각하는지 그 구체적인 실체를 완전히 이해하기는 어렵다는 뜻이지요. 물론, 그 반대의 경우도 마찬가지고요. 오히려 이 과정에서 상대의 감정을 잘못 추측하면서도 '나는 공감하고 있다'는 착각에 빠질 위험도 있습니다.

이에 대한 대안으로 과학자들은 '관점 파악Perspective Getting'을 제안합니다. 이는 상대의 감정을 추측하는 것이 아니라, 직접 묻고 경청하는 방식이죠. 상대의 감정에 공감이 되지 않더라도, 왜 그런 생각을 하게 되었는지, 그럴 수밖에 없었던 이유를 적극적으로 물어보는 것이 핵심입니다. 위의 대화에서도 B가 A에게 "언제 그렇게 느꼈어?", "네 상황은 어때?"라고 먼저 물어볼 수 있었겠지요.

'관점을 파악하는 말씨' 연습

- ✓ 어떻게 된 거야?
- ✓ 너는 어땠는데?
- ✓ 그래서 네 상황은 어떤데?

관계성 연구에 따르면 사람들은 항상 친절하고 상냥한 관계보다 자신의 목표나 두려움을 깊이 이해해 주는 관계를 더 소중하게 생각한다고 합니다. 즉, 단순히 공감하는 태도를 보이는 것보다, 진심으로 이해하려고 노력하는 것이 관계의 질과 만족도를 높이는 데 더 중요합니다. 평소에 너무 쉽게 "이해해"라고 말하고 있지는 않은지 생각해 보세요. 상대를 위해 더 이상 노력하지 않으려는 마음에서이거나, 혹은 그저 나의 말을 서둘러 이어 붙이기 위해 습관적으로 사용하는 표현은 아니었을까요?

A “걔가 분명히 날 골탕 먹이려는 거야!”

B **“그래? 언제 그렇게 느꼈는데?**

A “힘든 건 다 나한테 몰아주잖아.”

B **“그랬구나. 걔는 너한테 뭐라고 말했어?”**

A “말로는 미안하다고 했지만, 그러면 뭐하냐고!”

B **“응. 그러면 지금 너는 뭐가 제일 싫은 거야?”**

A “하… 이거 다 언제 하나 싶으니까 짜증 나.”

B **“할 게 많으니 짜증이 나지… 네 입장에서는 그렇게 느낄 수 있겠네.”**

봤어? 걔가 날
골탕 먹이려는 거야!

그래? 언제 그렇게 느꼈어?

힘든 건 나한테 다 몰아주잖아.
이거 언제 다 하냐구.

그랬구나. 걔는 너한테
뭐라고 말했어?

말로는 미안하다고
했지만 그럼 뭐 해!

응. 지금 너는 뭐가
젤 답답하고 싫은 거야?

하… 이거 언제 다 하나
싶으니까 짜증 나.

할 게 많으니 짜증 나지.
네 입장에선 그럴 수 있겠네.

이해해
줘서
곰아워.

상대의 말이 공감되지 않을 때, 이해한 척하지 말고 관점을 파악하는 말씨를 사용한다.

반대의 말씨로
주장성과 관계성의 균형을 맞추세요!

대화를 잘하려면 주장성과 관계성의 균형을 맞추는 것이 중요합니다. 그래야 할 말을 제때 하면서도 남에게 상처 주는 말을 하지 않을 수 있어요. 주장성이란 자신의 의견을 눈치 보지 않고 명확하게 표현하고 제시하는 능력을 말합니다. 반대로 관계성은 상대의 감정과 상황을 고려하여 배려하는 능력을 말하죠.

이 두 능력이 적절하게 조화를 이루는 사람은 대화에서 안정감과 편안함을 줍니다. 타인을 존중하면서도 소신 있게 자신의 의견을 밝혀 협력적인 분위기를 조성하죠. 불필요한 갈등을 일으키지 않고 교류, 설명, 설득과 같이 대화의 목표에 맞는 방향으로 대화를 이끕니다.

그러나 대부분은 주장성과 관계성 중 어느 한 가지 능력이 더 두드러지는 경우가 많습니다. 특히 **주장성이 높고 관계성이 낮으면 일방적인 소통 방식을 보이기 쉽습니다.** 자신의 주장을 관철하는 데 몰두한 나머지 상대의 감정과 상황은 고려하지 못해요. 의도하지 않았더라도 다른 사람의 의견을 무시하는 독단적인 사람이라는 평가를 받기 쉽습니다.

이런 특성을 가진 사람이 선배 혹은 리더가 되면 어려움이 커집니다. 나이가 들수록 다른 사람들에게 영향력을 미치는 능력이 요구되는데,

단순히 나만 잘한다고 되는 것이 아니라 타인도 편안하게 자신의 생각을 말하며 협업할 수 있도록 만들어야 하거든요.

관계성이 부족하면 타인에게 공감하고 나와 다른 의견을 수용하는 데 서투릅니다. 그 결과, 사람들과 함께 있을 때도 **'부정하기'**, **'무반응 하기'**, **'무시하기'**, **'찬물 끼얹기'**, **'이해한 척하기'**를 사용하면서 마음에 상처를 줍니다. 같은 말을 해도 기분 나쁘게 표현되고, 결국 사람들이 하나둘씩 멀어지게 됩니다.

따라서 관계성을 키우는 훈련이 필요합니다. 앞에서 살펴본 **반대의 말씨 연습**이 필요해요. 이를 통해 동의하지 않는 의견에도 귀를 기울이는 '대화 수용성Conversational Receptiveness'을 높일 수 있습니다. 먼저 다른 사람의 말에 '아니'라고 하는 대신 **'부분 긍정하는 말씨'**로 말을 이어받아 보세요. 상대의 말에 동의하지 않는다고 해도, **'차이를 인정하는 말씨'**로 호응하면서 **'흥을 잇는 추임새 말씨'**로 받아 주면, 대화의 흐름이 훨씬 부드러워집니다.

또한 내가 다른 생각을 말할 때는 상대의 의견을 무시하지 않도록 주의하면서 **'새로운 프레임을 제안하는 말씨'**를 시도해 보세요. 모든 의견에 타당성을 부여하면서, 상대를 존중하는 태도를 전달할 수 있습니다. 마지막으로 공감이 되지 않는데도 너무 쉽게 이해한다고 말하기보다는 **'관점을 파악하는 말씨'**로 질문을 해 보세요. 상대의 감정, 상황, 입장을 적극적으로 묻고 경청할 때 비로소 마음의 거리를 좁힐 수 있습니다.

2부

어색해하지 말고 다정하게 친밀의 말씨

6

적극적인 인상을 주는 인사말 건네기

처음 만나 인사할 때
"안녕하세요"라고만 말하지는 않나요?

안녕하세요~
드디어 만나 뵙네요.

인사는 사람들 사이에 우호감을 형성하고, 연대를 강화하며, 사회적 위계 서열을 나타내는 기능을 합니다. 특히 처음 만난 사이에서 나누는 인사는 '첫인상'을 결정짓는 요소가 되죠. 다음 대화를 통해 나는 평소 어떤 방식으로 인사를 주고받는지 생각해 보세요.

A **"안녕하세요."**

B "네~ 안녕하세요."

A **"그럼 이쪽으로 오시죠."**

B "아. 네…."

이 대화는 최근 제가 한 강연장에 갔을 때 담당자 A와 나눈 첫 인사입니다. 그는 "안녕하세요"라고 형식적인 말을 건넨 후 바로 "이쪽으로 오시죠" 하며 길을 안내하더라고요. 그 후 긴 복도를 지나며 다소 어색한 분위기가 이어졌던 기억이 납니다.

혹시 '3초의 법칙'을 아시나요? 사람은 상대에 대한 인상과 이미지를 단 몇 초 만에 형성하며, 이는 이후의 인식과 판단에도 큰 영향을 미친다는 개념이지요. 우리 뇌는 전두엽에서 '이 사람은 어떤 사람이구나'라고 논리적으로 판단하기도 전에, 벌써 상대에 대해 '저 사람은 친절한 것 같아', '사람이 믿음직스럽네'와 같은 호감 혹은 비호감을 결정합니다. 그리고 한번 만들어진 첫인상은 쉽게 바뀌지 않습니다. 심지어 부정적인 첫인상을 긍정적으로 바꾸려면 40시간 이상의 교류, 또는 200배의 정보량이 필요하다는 연구 결과도 있습니다. 미국의 정신분석학자 테오도르 루빈Theodore Rubin은 "좋은 첫인상을 남길 기회란 결코 두 번 다시 오지 않는다"라고 말하기도 했죠.

형식적 인사: 상대에게 호감을 주지 못하고
거리감을 형성해 긍정적인 첫인상을 만들기 어렵습니다.

만나서 반가운 마음을 표현하고, 자신감 있고 적극적인 이미지를 전달하고 싶다면 '안녕하세요 + @ 인사 말씨'를 사용해 보세요. 평범한 "안녕하세요" 인사에 자신만의 인사말을 덧붙여 리듬감 있고 더 인상적으로 들릴 수 있는 말을 건네는 겁니다. 예를 들면 "안녕하세요, 만나서 반갑습니다", "안녕하세요~ 뵙고 싶었어요" 하는 식으로요.

이런 1+1 인사법은 사람들에게 적극적인 환대를 표현해야 하는 서비스 업종에서 이미 오래전부터 사용되어 왔습니다. 예를 들어, 테마파크에 갔을 때 게이트부터 직원들이 손님에게 밝은 표정과 경쾌한 손짓으로 "안녕하세요, 좋은 하루 보내세요~", "안녕하세요~ 어린이 친구, 정말 반가워요!"라고 인사하는 모습을 본 적이 있을 거예요. 귀에 잘 각인되는 인사말을 사용함으로써 짧은 순간 손님을 더 반기는 느낌을 전하려는 것입니다. 또한 많은 기업과 관공서에서도 전화를 받을 때 "정성을 다

하겠습니다~ ○○○입니다", "반갑습니다. 무엇을 도와드릴까요?"처럼 전화 받는 사람의 기분을 배려하면서도, 자신의 이미지를 담은 차별화된 인사말을 사용하고 있습니다.

'안녕하세요 + @ 인사 말씨' 연습

- ✔ 안녕하세요~ 만나서 반갑습니다.
- ✔ 반갑습니다. 드디어 만나 뵙네요~
- ✔ 처음 뵙습니다. 귀한 시간 내주셔서 감사합니다.

아래 대화는 공교롭게도 같은 날 오후, 다른 담당자와 나눈 첫인사입니다. 어떤가요? 오전에 만났던 사람보다 제게 더 따뜻하고 우호적인 것처럼 보이지요? 인간적으로 친근한 느낌이 들고, 분위기가 훨씬 부드러워지더라고요. 덕분에 저 역시 그 인사말에 화답하여 자연스럽게 대화를 이어 갈 수 있었습니다.

조직 행동과 인간의 의사 결정 과정에 대한 연구에 따르면, 미소를 짓는 것은 상대에게 호감을 줄 뿐만 아니라 유능한 사람으로도 인식되게 한다고 해요. 일상에서 다양한 버전으로 나만의 인사말을 활용하여 밝은 미소를 지어 보세요. 출근 후 동료들과 인사할 때, 오랜만에 친구나 선후배를 만날 때 환한 미소와 나만의 + @ 인사 말씨로 반갑게 맞이해 보세요.

A **“안녕하세요~ 드디어 만나 뵙네요. 말씀 많이 들었습니다.”**

B “네~ 안녕하세요. 반갑습니다. 환영해 주셔서 감사해요.”

A **“귀한 시간 내주셔서 저희가 더 감사하죠. 그럼 이쪽으로 오시겠어요? 오실 때 불편하지는 않으셨어요?”**

B “네. 생각보다 차가 막히지 않더라고요~”

말씨 미세 교정

첫인상, 3초의 효과를 극대화하고 싶다면
안녕하세요 + @인사 말씨를 사용한다.

7

처음 만나는 사람에게 호감 표현하기

처음 만나는 사람들에게
"연예인 닮으셨어요!"라고 말하지는 않나요?

처음 만난 자리에서 호감을 표현하기 위해 칭찬을 하는 경우가 많습니다. 그러나 어떤 칭찬은 오히려 상대를 부담스럽거나 불편하게 만들 수도 있습니다. 다음 대화를 통해 주의해야 할 칭찬의 방식에 대해 생각해 볼까요?

A "안녕하세요~"

B "안녕하세요~ 반갑습니다. 초대해 주셔서 감사해요."

A **"우와~ 근데 연예인 ○○님 닮으셨어요~! 진짜 닮았어요!"**

B "아… 그런가요?" (어떻게 반응해야 하지…? 칭찬이야, 뭐야…?)

A는 처음 만난 B에게 호감을 표현하려고 칭찬했습니다. 하지만 B는 그 말이 썩 기분 좋게 들리지 않습니다. 자신을 평가하는 느낌도 들고, 상대가 왜 이런 말을 하는지 의도를 알 수 없어 난감해하네요.

특히 외모에 관한 칭찬은 신중해야 합니다. 아무리 좋은 의도라 해도 상대를 불쾌하게 할 수 있기 때문입니다. 《거울 앞에서 너무 많은 시간을 보냈다》의 저자이자 미국 노스웨스턴대학교 심리학과 교수인 러네이 엥겔른Renee Engeln은 20년간 외모 강박의 연쇄 작용을 연구한 끝에 "상대의 외모에 대한 언급 자체가(비록 칭찬이라 할지라도) 개인에게 부정적인 영향을 미친다"라고 주장하기도 했죠. 외모를 평가받는다는 인식이 내면화되면, 자신의 신체에 대한 불만이나 강박이 생기고, 행복감이 저하될 수 있다는 설명이었어요.

국가인권위원회 웹진 '예쁘다는 말씀, 듣기 불편합니다'에서도 외모에 대한 평가는 비하인지 칭찬인지와 상관없이 그 자체로 인권 침해의 가능성이 있다고 지적합니다. 외모 칭찬이 문제가 되는 가장 큰 이유는 상대방의 생각과 감정을 무시한 채 마치 사람을 물건처럼 평가하기 때문입니다. 사람은 자신이 대상화되는 것을 원하지 않습니다. 누구나 인격, 능력, 다양한 가능성을 가진 존재이기 때문이죠. 그런데 외모에 대한 칭찬은 상대를 외적인 기준으로만 평가하는 느낌을 주기 쉬워요.

외모 칭찬하기: 상대의 외모를 언급하는 것 자체가 불쾌감을 줄 수 있습니다.

저 역시 방송을 통해 보다가 강의실에서 직접 만나게 된 분들에게 "실물이 더 낫네요!", "생각보다 아담하시네요?"와 같은 말을 듣게 될 때가 있습니다. 좋은 뜻이라는 걸 알기에 웃으며 넘기지만, 왠지 호감이 생기진 않더라고요.

칭찬은 관계를 연결하는 도구입니다. '당신을 만나서 좋다'는 마음을 전달함으로써 상대 역시 나에 대해 긍정적인 느낌을 가질 수 있도록 돕는 역할을 하죠. 이때 외모에 대한 칭찬뿐 아니라 과장하는 칭찬, 비교하는 칭찬, 의미가 모호한 칭찬, 평가하는 느낌을 주는 칭찬은 오히려 하지 않는 것이 낫습니다. 아직 잘 모르는 상대를 칭찬할 때는 '구체적인 긍정 느낌 말씨'를 사용해 보세요. 상대가 가진 구체적인 특성 한 가지를 발견하여 내가 받은 긍정적인 인상을 표현하는 겁니다. 평가가 아닌 호감의 표현으로 느껴지도록 말이에요.

'구체적인 긍정 느낌 말씨' 연습

- ✔ **목소리가 편안하게 느껴져요.**
- ✔ **가방 취향이 멋스럽게 느껴집니다.**
- ✔ **밝게 인사해 주시니까 저까지 기분이 좋아져요.**

예를 들어 목소리가 인상적인 사람에게는 "목소리가 편안하게 느껴져요"라고 할 수 있고, 눈에 띄는 가방을 들고 있는 사람에게는 "가방 취향이 멋스럽게 느껴집니다"라고 상대방의 스타일, 이미지, 분위기 등에 대해 구체적이고 긍정적으로 칭찬하는 방식이 안전해요. 또한 칭찬할 때는 너무 과장되지 않게, 누구에게나 다 할 법한 뻔한 말은 피하는 것이 좋습니다.

우리는 상대를 볼 때 부정적인 정보를 더 빠르게 파악합니다. 부정적인 정보가 그 사람이 어떤 사람인지를 판단할 때 더 가치 있다고 믿기 때문이죠. 하지만 빨리 친해지는 가장 좋은 방법은 상대를 먼저 좋아하는 것입니다. 혹시 '서로를 좋아하는 법칙'에 대해 들어본 적 있나요? 이 법칙은 상대가 나를 좋아한다고 느낄수록, 나도 그 사람에게 호감을 느끼는 경향을 말해요. 즉, 관계에서 내가 먼저 상대의 긍정적인 면을 발견하고 표현하면, 자연스럽게 그 순간부터 조금 더 가까워질 수 있을 거예요.

A “안녕하세요.”

B “안녕하세요~ 반갑습니다. 초대해 주셔서 감사해요.”

A **“말씀하실 때 목소리가 참 신뢰감 있게 느껴져요.”**

B “아, 그런가요? 감사합니다.”

A **“네. 저처럼 처음 만난 분들도 편안하게 느낄 것 같아요!”**

B “다행이네요. 하하.”

말씨 미세 교정

처음 만난 상대에게 호감을 표현하고 싶다면 구체적인 긍정 느낌 말씨를 사용한다.

8

처음 만나는 사람과 자연스럽게 대화 시작하기

어색한 분위기를 깨기 위해
"날씨 좋지요?"라고 말하지는 않나요?

오늘 날씨 좋네요.

어떤 음악 좋아하세요?

낯선 사람과 단둘이 대화할 때 어색했던 경험, 다들 한 번쯤 있으시죠? 연구에 따르면 침묵이 4초 정도 지속되면 사람들은 불편함을 느낀다고 합니다. 그래서 무언가 말을 해야 한다는 압박감에 시달리죠. 다음의 대화를 통해 어떻게 하면 A와 B가 서로 덜 어색해질 수 있을지 생각해 볼까요?

A "안녕하세요. 처음 뵙겠습니다."

B "네. 반갑습니다."

A **"오늘 날씨 좋네요." (아, 어색해….)**

B "네. 그러네요~ 요즘 날씨가 좋죠."

A "…." **(아… 대화가 또 끊겼어… 무슨 말을 해야 할까….)**

B "…."

A와 B는 처음 만난 사이입니다. 이럴 때는 어떤 말이든 주고받아야 덜 어색해질 것 같지요. 그래서 A가 꺼낸 화제는 날씨입니다. B도 이에 맞장구를 쳤지만, 날씨에 대한 이야기는 더 길게 이어 가기 어렵습니다. 결국 또다시 침묵이 흐르고, 다음 말을 고민하는 시간이 어색하게 흘러

갑니다.

보통 처음 만난 사람과의 스몰토크에서는 날씨, 교통, 누군가의 안부 같은 주제가 자주 사용되며, 이는 대화의 경직된 분위기를 풀어주는 데 도움이 됩니다. 이런 상황적 주제는 부담 없이 대화를 시작하기에는 좋지만 자칫 너무 뻔한 대화처럼 느껴질 수 있고, 상대도 간단한 맞장구만 치다 보니 금방 대화가 끊어지기 쉽습니다. 그 결과, 다음에 할 말을 찾느라 진땀이 나고 더 어색한 순간이 이어질 수 있죠.

의무적 스몰토크: 뻔한 주제로 쉽게 대화의 공백이 생겨 깊이 있는 대화로 발전하기 어렵습니다.

이런 상황에서 대화를 자연스럽게 풀어 가는 사람들은 '@ + 좋아하세요? 말씨'를 사용합니다. 대화 주제를 고를 때는 상대가 주도적으로 말할 수 있는 것, 관심 있어 할 만한 것, 긍정적으로 답할 수 있는 것이 포함되면 좋은데요. 그중에서도 가장 좋은 주제는 '나', 그리고 '내가 좋아하는 것'에 대한 질문입니다. 따라서 상대와 관련된 키워드 한 가지를 골라 "좋아하세요?"라고 질문해 보세요. 키워드는 다양한 것이 될 수 있겠죠. 예를 들어 책을 들고 있는 사람에게는 "어떤 종류의 책을 좋아하세요?"라고 물어볼 수 있고, 아기자기한 문구류를 가지고 있는 사람에게는 "혹시 문구 수집 좋아하세요?"라고 물으며 대화를 시작하는 거예요.

'@ + 좋아하세요? 말씨' 연습

- ✔ 평소에도 차 마시는 거 좋아하세요?
- ✔ 요즘은 어떤 책 좋아하세요?
- ✔ 혹시 문구 수집 좋아하세요?

사람들은 누구나 자신에 대해 말하는 것을 좋아합니다. 우리 뇌에는 '자기 중심적 정보'에 민감하게 반응하는 영역이 있어서, 자신과 관련된 주제에 더 관심을 가지고, 그 대화를 더 오래 기억하죠. 이를 자기준거 효과self-reference effect라고 합니다. 따라서 처음 만난 상대에게 '나', 그리고 '내가 좋아하는 것'에 대해 말할 기회를 주면, 보다 우호적인 분위기에서 더 많은 정보를 이야기하게 됩니다. 이때 너무 개인적인 질문을 하면 상대가 부담감을 느낄 수 있으니 겉으로 잘 드러나 있는 사실, 공개된 정보 등을 언급하는 것이 안전합니다.

처음에는 '날씨, 여행, 건강, 취미'와 같은 스몰토크의 공식을 아는 것도 도움이 되지요. 그러나 대화를 편안하면서도 깊이 있게 이끌기 위해서는 '지금 이 순간'과 '함께 있는 사람'을 유심히 관찰하는 것이 더 중요합니다. 상대가 무엇을 입고 있는지, 어떤 물건을 가지고 있는지, 어떻게 행동하는지 등을 관심 있게 바라보고 기억할 때 최적화된 대화 주제를 찾을 수 있어요. 이렇게 찾은 구체적인 '@ + 좋아하세요? 말씨'는 상대에게 자기 경험을 공유할 기회를 주기 때문에 훨씬 풍성한 대화로 이어질 수 있습니다.

A “안녕하세요. 처음 뵙겠습니다.”

B “네~ 반갑습니다.”

A (음악을 듣고 있었네.) **“음악 듣고 계셨네요. 어떤 음악 좋아하세요?”**

B “아… 기분 따라 다르긴 한데, 요즘 인디 음악이 좋더라고요.”

A **“인디 음악 매력 있죠! 혹시 추천해 주실 만한 노래 있으세요?”**

B “그럼요! 요즘은 이 가수를 좋아하는데요~”

안녕하세요. 처음 뵙겠습니다.

네~ 반갑습니다.

아! 아까 음악 듣고 계시던데 어떤 음악 좋아하세요?

음. 기분 따라 다르긴 한데, 요즘 인디 음악이 좋더라고요.

인디 음악 매력 있죠! 혹시 추천해 주실 만한 노래 있으세요?

그럼요! 요즘 이 가수가~

어색한 상대와 자연스럽게 대화를 시작하려면 @ + 좋아하세요? 말씨를 사용한다.

9

중간에 대화가 끊길 때 화제 이어 가기

대화를 이어 가기 위해
'질문 폭격'을 하고 있지는 않나요?

무슨 일 하세요?
무슨 과 나오셨어요?

어떤 준비가 필요한가요?

초면에 "어디 사세요?", "어느 학교 나오셨어요?" 같은 질문을 던지면 상대에게 실례가 될 수 있습니다. 이런 실수는 아직 잘 모르는 사람과 대화할 때 어떤 질문을 해야 할지 몰라 무심코 나오는 말 습관인 경우가 많아요. 다음의 대화를 보면서 B가 어떻게 질문을 바꾸면 좋을지 생각해 보세요.

A "근데 무슨 일 하세요?"

B "네? 아, 건축 쪽 일 해요."

A "아, 건축학과 나오셨어요?"

B "네. 그렇죠."

A "그럼 직장은 어디신데요? 집하고 가까워요?"

B "아…." (왜 이렇게 불편하지….)

두 사람은 서로에 대해 아는 정보가 거의 없는 상태에서 대화를 시작합니다. 그래서 A가 먼저 '하는 일이 무엇인지' 묻습니다. 대답을 듣고 난 후에는 '어떤 학과를 나왔는지' 묻고, 다음에는 '직장은 어디인지' 하는 질문으로 이어 갑니다. A는 나름대로 대화를 이어 가려고 하지만,

B는 편해 보이지 않네요.

그 이유는 A가 '질문 폭격'을 하고 있기 때문이죠. 너무 많은 질문을 연이어 던지는 데다, 상대가 짧게 대답할 수밖에 없는 질문이 반복되고 있습니다. 이렇게 묻고 답하는 패턴이 계속되면 쌍방향의 대화가 아니라, 일방적인 질의응답처럼 느껴져 상대가 취조당하는 기분이 들 수도 있어요. 질문을 받는 사람은 부담을 느껴 대화를 이어 가기 어려워지고, 질문하는 사람은 생각나는 대로 질문을 던지다가 자칫 실례가 되는 말을 하게 될 수도 있지요.

질문 폭격하기: 일방적으로 너무 많은 질문을 하면
상대가 대화에 부담을 느끼고 불편해합니다.

이와 같은 상황이 생기는 이유는 질문의 요령이 부족하기 때문인데요, 이럴 때는 '연쇄적 질문 말씨'를 사용해 보세요. 계속해서 새로운 주제를 낱개로 던지는 대신 상대가 말한 내용에서 핵심 키워드를 찾아 질문을 자연스럽게 이어 가는 거죠. 질문과 답이 하나의 스토리로 연결되도록요. 이를 위해서는 단답형으로 끝나는 닫힌 질문Closed Question보다는 상대가 자유롭게 답할 수 있는 열린 질문Opened Question이 좋아요. 특히 결과보다는 과정과 노력에 대해 묻거나, 상대의 이야기를 더욱 구체적으로 이끌어낼 수 있는 질문이 효과적입니다. 이런 방식으로 질문을 하면, 질문하는 사람은 상대를 더 깊이 이해할 수 있고, 답을 하는 사람도 말하면서 마음을 더 열게 됩니다.

'연쇄적 질문 말씨' 연습

- ✔ 어떤 준비가 필요한가요?
- ✔ 그중에서 ~는 어떠셨어요?
- ✔ ~한 이유가 궁금해요!

앞의 대화에서 B가 "건축 쪽 일 해요"라고 답했다면, 건축 관련 질문을 이어 가며 대화를 자연스럽게 발전시킬 수 있습니다. 이를 테면 "건축 쪽 일을 하려면 어떤 준비가 필요한가요?", "그 분야를 선택하신 계기가 있으셨어요?", "기억에 남는 프로젝트가 있나요?"와 같은 질문을 통해 어떤 일의 과정과 노력을 더 상세하게 물을 수 있지요. 연쇄적 질문을 잘하려면 질문을 떠오르는 대로 던지는 것이 아니라, 상대가 말한 내용에서 단서를 찾아 한 걸음씩 더 깊이 들어가는 질문을 던지는 게 핵심이에요.

만날 때마다 관계가 깊어지는 사람이 있는가 하면, 여러 번 만나도 겉도는 대화만 하느라 피곤하게 느껴지는 사람이 있습니다. 대화할 때 '이제 무슨 말을 하지?' 하며 내가 던질 말만 고민하지 말고, 상대의 이야기에서 핵심 키워드를 잘 찾아 따라가 보세요. 대화의 소재가 충분하지 않은 상황에서 어떤 주제로 연쇄 질문을 해야 할지는 상대가 내게 건넨 말 속에 이미 답이 있으니까요.

A "혹시 어떤 일 하시는지 여쭤 봐도 될까요?"

B "네? 아, 건축 쪽 일 해요."

A **"오, 건축이요? 그쪽 일을 하려면 어떤 준비가 필요한 거예요?"**

B “대부분 건축학과를 나오고요, 학부 때부터 프로젝트를 하면서 경험을 쌓는데~”

A **“그렇군요. 듣다 보니 그 분야를 선택하신 이유가 궁금해요~”**

B “어릴 적부터 꿈이기도 했는데요~”

화제를 이어 가고 싶다면 질문 폭격 대신 연쇄적 질문 말씨를 사용한다.

친밀의 말씨로 낯선 사람과의 대화를 여유 있게 이끌어 가 보세요!

낯선 사람들과 만나 대화를 주고받을 때 **친밀의 욕구가 강한 사람들이 있습니다.** 이 사람들은 먼저 다가가 적극적으로 인사하고, 자신이 어떤 사람인지 소개하며 상대에게 호감을 표현합니다. 또 다양한 질문들을 계속 던지면서 대화를 시도하는 일에 스스럼이 없습니다. 그러나 때로는 이러한 마음이 너무 앞서 상대를 불편하게 만들기도 합니다. 처음 만난 사람에게 과장된 칭찬을 하거나, 경계를 넘어 지나치게 사적인 질문을 던지거나, 아직 준비되지 않은 상대에게 자신의 비밀을 갑작스럽게 털어놓는 경우도 생깁니다.

반면, 자기 보호와 경계의 욕구가 높은 사람들도 있지요. 이들은 초반에 상대를 탐색하는 데 많은 시간을 들입니다. 선뜻 먼저 상대에게 다가가지 않고, 자신의 이야기도 드러내지 않습니다. 적당한 거리를 유지하는 관계를 더 편안해하죠. 이런 분들은 낯선 사람과의 대화를 특히 어려워합니다. 어떻게 침묵을 깨야 할지 도저히 몰라 곤혹스러워하기도 해요.

대화의 고수들은 이 균형을 능숙하게 잡습니다. 친밀하게 다가가면서도 상대의 경계를 침범하지 않는 감각을 가지고 있어요. 이들과 함께 있으면 어색할 것 같았던 순간도 생각보다 편안해지고, 만남 이전보다 이후에 서로가 더 친밀해진 것이 느껴집니다.

이러한 능력을 키우기 위한 대화의 기술이 바로 **친밀의 말씨**입니다. 처음 만난 상대에게 **'안녕하세요~ + @ 인사 말씨'**로 더 적극적으로 인사를 건네고, 들었을 때 기분이 좋아지는 **'구체적인 긍정 느낌 말씨'**로 호감을 표현합니다. 대화를 시작할 때는 날씨 같은 일반적인 주제보다는, 상대가 좋아하는 것에 대해 이야기할 수 있도록 **'@ + 좋아하세요? 말씨'**를 사용하지요. 또한 대화를 이어 가기 위해 상대에게 질문 폭격을 하기보다는 **'연쇄적 질문 말씨'**로 매끄럽게 대화를 주도해 나갑니다.

무엇보다 친밀의 말씨를 능숙하게 잘 쓰는 사람의 공통점은 **'사람에 대한 관심과 관찰 능력이 뛰어나다'**는 것입니다. 특정한 목적이나 의도가 있어서가 아니라 상대를 호기심 어린 눈으로 바라보고, 발견한 것들을 평가하기보다는 더 깊이 이해하려고 질문합니다. 이야기를 경청하며 또 다른 질문으로 이어 가 결국 풍성한 이야기로 완성해 내죠. 이는 훌륭한 MC들의 특징이기도 합니다.

앞으로 낯선 사람과의 대화에서 어색함을 느낀다면, 자신을 MC라고 생각해 보세요. 초대 손님을 앞에 두고 '내가 뭘 말하지?'라고 고민하기보다는 적게 말하고, 간간이 질문하고, 더 많이 들으면서 센스 있는 **친밀의 말씨**를 적절히 활용해 보기를 바랍니다.

3부

애쓰지 않고 진솔하게 위로의 말씨

10

위로의 말을 찾기 어려울 때 진심을 전하기

슬퍼하는 친구에게
"괜찮아질 거야"라고 말하지는 않았나요?

어떤 말로 위로하면 좋을지 모르겠네.

위로를 건네고 싶은데, 뭐라고 말해야 할지 어려웠던 적이 있지요? 적절한 말을 찾지 못해 타이밍을 놓치거나 무심결에 다 괜찮아질 거라고 말해 놓고 스스로도 머쓱해질 때가 있습니다. 다음 대화를 보면서 이런 상황에서는 어떤 위로의 말이 좋을지 생각해 보세요.

A "아직 적응이 안 돼. 너무 오래 만났잖아…."

B **(뭐라고 위로해야 할지….) "좋은 사람이 생기면 다 괜찮아질 거야."**

A "그렇겠지…." (나도 머리로는 알지만 그게 잘 안 된다고….)

B **"그럼, 시간이 지나면 다 해결될 거야." (아…. 이게 아닌데.)**

A는 오랜 연인과의 이별로 힘들어하고 있습니다. B는 친구를 위로해 주고 싶지만 어떤 말을 해야 할지 몰라 망설입니다. 그러다 불쑥 나온 말이 "좋은 사람이 생기면 다 괜찮아질 거야"였죠. A는 "그렇겠지"라고 대답하지만, 마음이 편해 보이지 않습니다. 집으로 돌아가는 길, B는 '뭔가 더 말했어야 했는데…' 하는 아쉬움과 함께 친구에게 도움이 되지 못한 것 같아 미안한 마음이 듭니다.

이처럼 위로의 말이 필요한 순간, B처럼 너무 빨리 긍정 모드로 넘어

가는 경우가 종종 있어요. 하지만 이 방법은 상대에게 그다지 위로가 되지 않는 경우가 많습니다. 감정을 느끼는 강도와 속도는 사람마다 달라요. 슬픔의 한가운데에 있을 때 '잘될 거야', '좋은 경험이었다 생각하자'처럼 성급하게 긍정적으로 감정을 전환하려 하면, 사람들은 오히려 자신의 감정을 숨겨 버립니다. 감정을 충분히 느끼고 표현하지 못하면, 힘든 감정은 해소되지 못한 채 무의식에 오래 남아요. 그러다 보면 슬픔이 더 큰 괴로움으로 변할 수 있습니다.

긍정하기 : 누구든 슬픔을 너무 빨리 긍정하려 하면,
감정을 억누르게 되어 제대로 해소되지 못합니다.

위로의 말을 찾기 어렵다면 '모르겠어요 고백의 말씨'를 사용해 보세요. '위로가 될 만한 말을 해야 한다'는 조급함에서 벗어나 마음속에 떠오른 그대로의 감정이나 생각을 솔직하게 표현하는 겁니다. 예를 들어 '위로하고 싶은데, 뭐라고 말해야 하지?'라고 생각했다면, 그대로 친구에게 "위로하고 싶은데, 뭐라고 말해야 할지 모르겠어"라고 말하는 거예요. 저는 이것을 '고백하기'라고 부릅니다.

'모르겠어요 고백의 말씨' 연습

- ✔ 뭐라고 위로하면 좋을지 모르겠네.
- ✔ 무슨 말을 해야 네 마음이 나아질지 모르겠어.
- ✔ 힘이 되고 싶은데… 어떤 위로가 좋을지 모르겠어.

뇌교육 연구에 따르면 슬픔에 잠긴 사람에게 신나는 음악을 들려주는 것보다 오히려 더욱 슬픈 음악을 들려주는 것이 감정을 누그러뜨리는 데 더 효과적인 것으로 나타났습니다. 스트레스에 대한 몸과 마음의 회복탄력성을 반영한 심박변이도를 측정한 결과, 충분히 슬픈 음악을 들으며 감정을 표현한 후, 점차 밝고 경쾌한 음악으로 전환하는 것이 심리적 회복에 효과적이라는 사실이 밝혀졌죠.

이를 동질의 원리ISO Principle라고 하는데요. 1952년, 미국의 정신과 의사 알트슐러I.M Altshuler가 처음 발표한 개념이에요. 그는 임상관찰에서 우울증 환자들이 밝은 음악보다 슬픈 음악에 더 큰 자극을 받는다는 사실을 발견했습니다. 이에 따라 치료 과정에서도 환자의 감정 상태와 일치하는 음악을 먼저 선택한 후, 점차 긍정적인 감정으로 유도하는 방식이 더 효과적이라는 점을 확인했죠.

이 연구를 통해서도 '너무 빨리 긍정하기'는 충분히 슬퍼하는 것보다 효과적이지 않다는 사실을 알 수 있습니다. 그러니 친구가 큰 상실을 겪고 힘들어 하고 있다면, 조심스럽게 말을 건네야 합니다. 상대의 감정을 충분히 이해할 수 없을 때, 분위기를 억지로 밝게 만들려는 시도는 오히려 심리적 회복을 방해할 수 있습니다.

상대보다 더 큰 감정을 앞세우거나 긍정의 말로 상대를 억지로 일으켜 세우려 하기보다는 "이럴 땐 뭐라고 위로하면 좋을지 모르겠네", "위로가 되고 싶은데, 어떻게 말해야 할지 모르겠어"라고 솔직하게 고백해 보세요. 때로는 긴 말도 필요 없어요. 친구의 눈을 지그시 바라보고, 손을 잡거나 어깨를 토닥이는 것만으로 충분합니다. 지금 이 순간, 함께 머물러 주는 것이 가장 자연스럽고 진심 어린 위로가 될 수 있으니까요.

A “아직 적응이 안 돼. 너무 오래 만났잖아.”

B **“그렇지…. 널 위로하고 싶은데 이럴 땐 뭐라고 말해야 좋을지 모르겠네.”**

A “괜찮아. 이렇게 내 얘기 들어 주는 것만으로도 고마워.”

B (토닥토닥)

위로의 말을 어떻게 해야 할지 모를 때는 모르겠어요 고백의 말씨를 사용한다.

11

별거 아니라는 듯 반응하지 않으면서 안심시키기

거정하는 상대에게
"걱정 마"라고 말하지는 않나요?

걱정 마, 별일 없겠지.

걱정되지?
믿고 기다려 보자.

누군가 걱정을 하면 근심을 덜어 주고 싶지요? 지나치게 염려하는 사람을 보면 '저러지 않아도 될 텐데…' 싶어 답답하기도 하고요. 그러나 성급하게 걱정을 누그러뜨리려는 시도는 오히려 상대를 서운하게 만들 수 있어요. 다음 대화에서 B의 말이 A에게 도움이 되지 않는 이유를 생각해 볼까요?

A "설마… 취소되는 건 아니겠지?"

B **"에이, 설마… 걱정 마."**

A "그래도… 그럴 가능성도 있는 거잖아."

B **"괜찮을 거야! 다른 사람들도 다 그렇게 해." (얘는 걱정도 참 많다!)**

A "아, 그렇기는 한데…." (걱정되는 걸 어떡해.)

A는 예약이 취소될까 봐 걱정하고 있습니다. 하지만 B는 그럴 가능성이 낮다고 생각해 계속해서 A를 안심시키려 합니다. 그러나 A는 여전히 불안해 보입니다. 그 이유는 뭘까요?

이때 B의 "걱정 마", "다들 그렇게 해"는 위로의 말이라기보다는, '객관적으로 봤을 때 지금 상황은 그리 큰일은 아니다'라며 상황이나 감정을 축소하는 말에 가까워요. 걱정을 별거 아닌 것처럼 축소하는 말이나 '너만 그런 것이 아니라, 다들 그렇다'는 식으로 일반화하는 말은 상대에게 도움이 되지 않습니다. 사람마다 같은 상황에서 느끼는 감정이 다를 수 있기 때문이죠. 오히려 이런 반응은 '내 마음을 이해하지 못한다'거나 '자기 일 아니라고 저러는 거야'라고 느끼게 만들 수 있어요.

축소하기: 상대의 걱정이나 염려를
별것 아닌 것처럼 다루어서 마음을 상하게 합니다.

이럴 때, 상대의 마음을 움직일 줄 아는 사람들은 '생각을 전환하는 말씨'를 사용합니다. 생각을 전환할 때 기억해야 할 점은 먼저 상대의 감정을 인정한 후에 생각을 환기시켜야 한다는 거예요. 우선 상대가 어떤 감정을 느끼든 부정하거나 평가하지 말아야 합니다. 이를 심리학에서는 감정의 '정상화Normalizing'라고 하는데요. 정상화란 '내 감정이 이상한 것은 아닐까?', '지금 이 감정이 적절할까?' 하고 염려하는 사람에게, 지금 느끼는 감정은 자연스럽고 누구나 겪을 수 있는 것임을 알려 주는 과정이에요.

다시 말해 '네가 무엇을 느끼든 그럴 수 있다', '그런 상황이라면 지금의 감정은 당연하다', '네가 오죽하면 그렇게 느끼겠냐'는 태도로 상대의 감정을 먼저 수용하는 거죠. 예를 들어 앞의 대화에서 B가 A를 진짜 위로하고 싶다면 "걱정 마" 대신 "걱정되는구나", "걱정될 수 있겠다"라고 말했어야 해요. 자신이 느낀 감정이 받아들여져야만 비로소 다른 사람이 건네는 안심의 말을 귀담아들을 수 있게 되니까요.

감정을 정상화하고 나면 상대의 걱정을 덜어 주는 데 도움이 될 만한 짧은 제안을 덧붙이면 됩니다. 예를 들어 "내일 확인해 보면 알게 될 거야", "미리 걱정하지 말자"처럼 불필요한 부정적 생각이 커지는 것을 막고, 걱정을 줄이는 데 도움이 될 만한 말을 건네는 거죠.

'생각을 전환하는 말씨' 연습

- ✔ **걱정되지? 내일 확인해 보자.**
- ✔ **걱정되는구나. 미리 결론 내리지는 말자.**
- ✔ **걱정될 수 있지. 괜찮다고 했으니까 믿고 기다려 보자.**

누구에게나 자신의 일이 가장 큰 사건입니다. 데일 카네기는《인간관계론》에서 "사람들은 어느 나라에서 일어난 대형 지진보다 내 목에 난 종기가 더 크고 중요하다고 느낀다"고 말했지요. 어떤 일이 별일 아닌 것처럼 보여도, 상대에게는 감정적으로 큰 타격이 될 수 있어요. 내가 '걱정하지 말라'고 한다고 해서 상대의 걱정이 멈추는 것은 아닙니다. 오히려 걱정을 정상화해 줄 때 그제야 상대도 생각을 전환할 수 있습니다.

A "설마… 취소되는 건 아니겠지?"

B **"걱정되는구나~"**

A "응. 그럴 가능성도 있는 거잖아."

B **"걱정될 수 있지. 괜찮다고 했으니까 믿고 내일까지 기다려 보자."**

A "그래. 내일이면 알 수 있겠지!" (미리 걱정하지 말자!)

걱정하는 상대를 안심시키고 싶다면 생각을 전환하는 말씨를 사용한다.

12

상황보다는 사람을 먼저 살피기

힘들어하는 친구에게
"어떻게 할 거야?"라고 말하지는 않나요?

지금 네 마음은 어때?

친한 친구가 난감한 일을 겪으면 내 일처럼 화가 나고 답답할 때가 있지요? 그래서 말과 행동이 앞서 나가기도 해요. 이럴 때 당신은 친구에게 어떤 말을 가장 먼저 하나요? 다음 A와 B의 대화를 통해 우리가 먼저 챙겨야 할 것이 무엇인지 생각해 보세요.

A "나 없을 때 걔가 그렇게 뒷담화를 하고 다닐 줄 몰랐어."

B **"내가 뭐랬니? 걔 좀 이상하다고 했지?"**

A "아니야… 내 앞에서는 얼마나 잘해 줬는데."

B **"너 그래서 어떻게 할 거야? 가만있으면 안 되지!"**

A "글쎄…." (왜 너까지 나를 몰아붙여….)

A는 친한 친구 C가 자신의 뒷담화를 한다는 것을 알게 되었어요. 아주 복잡한 심정이겠죠. B도 A의 이야기를 듣고 함께 흥분하며 말을 쏟아내고 있어요. 하지만 B의 말이 A를 위로하기보다 오히려 압박감을 주고 있는 것 같네요.

위의 대화에서 아쉬운 점은 "너 그래서 어떻게 할 거야?"라는 B의 말이 너무 빨리 등장했다는 거예요. 우리는 어떤 문제가 생기면 원인을 찾거나 해결책을 고민하는 데 몰두합니다. 이를 문제 해결 중심 접근이라고 부릅니다. 물건을 고치거나 보고서를 작성할 때는 유용한 방식이지만, 사람의 마음을 위로하는 데는 별 도움이 되지 않아요.

문제 해결 중심: 문제 해결에만 초점을 맞추느라,
정작 사람의 마음을 놓치곤 합니다.

위로의 본질을 아는 사람은 '마음을 묻는 말씨'를 사용합니다. 해결책을 찾는 것도 물론 중요하지만, 그보다 불편한 감정을 경험하고 있는 사람의 마음이 어떨지에 먼저 집중하는 것이 더 중요하죠. 그래서 "마음이 어때?", "괜찮아?"라고 묻고 상대가 자신의 진짜 마음이 어떤지 들여다볼 수 있도록 도와줍니다. 강의할 때 저는 사람들에게 최근 직장이나 가정에서 "네 기분은 어때?"라는 질문을 받아 본 적이 있냐고 묻곤 하는데요. "있다"라고 답하는 사람이 거의 없어요. 감정을 나누는 것이야말로 진짜 힐링이 되는 대화라는 사실을 알지 못하더라고요. 문제, 역할, 의무, 책임, 대책에 대해서는 질문을 주고받지만, 상대의 감정을 묻고 듣는 것에는 익숙하지 않은 거죠.

'마음을 묻는 말씨' 연습

- ✔ 네 마음은 어떤데? 괜찮아?
- ✔ 네 기분은 어떤 것 같아?
- ✔ 너는 어떤 생각이 들어?

가족, 친구, 동료 관계에서 오가는 사회적 지지는 스트레스 상황에 대한 대처 능력을 향상시키는 중요한 자원인데요, 크게 '도구적 지지Instrumental Support'와 '정서적 지지Emotional Support'로 나눌 수 있습니다. 먼저 '도구적 지지'란 문제를 해결하는 데 필요한 구체적이고 실질적인 도움을 주는 것을 말합니다. 예를 들어, 상황을 개선하기 위한 조언을 하거나 물건을 빌려주는 것과 같은 수단적인 도움을 주는 것을 말해요. 반면 '정서적 지지'는 공감과 위로, 경청과 격려처럼 상대의 마음을 먼저 헤아려 심리적 안정감을 주는 것을 말합니다.

이와 관련해 모렐리와 자키 연구팀은 사람들의 일기를 분석해 사회심리학 실험을 진행한 적이 있습니다. 그 결과, 가까운 이들에게 도구적 지지를 제공한 사람들보다 정서적 지지를 제공한 사람들이 더 행복하다는 열구결과를 발표했습니다. 외로움, 스트레스, 불안 수준이 더 낮고, 심리적으로 건강하다고 밝혀졌죠. 반면 도구적 지지를 제공한 사람들에게서는 이러한 특성이 발견되지 않았고요. 또 다른 연구 결과를 보여 준 슈 연구팀의 실험에 따르면, 상황에 따라 사회적 지지의 효과는 다르게 나타납니다. 두려움과 불안이 클 때는 구체적인 '조언'이, 슬픔이 클 때는 조언보다 정서적인 '위로'가 더 효과적이라고 소개하고 있어요.

물론 문제 해결 중심의 대화가 필요한 순간도 있습니다. 상대를 돕고 싶은 마음에서 비롯된 것이니까요. 하지만 정서적 지지를 놓치지 않도록 위로받는 사람도, 위로하는 사람도 해결책 제시 이전에 마음 앞에서 멈춰 서는 것이 좋습니다. 너무 서두르면, 정작 가장 중요한 '사람'을 놓치게 되니까요.

A “나 없을 때 걔가 그렇게 뒷담화를 하고 다닐 줄 몰랐어.”

B “진짜… 그러면 안 되지.”

A “그러니까! 내 앞에서는 얼마나 잘해 줬는데.”

B “그래서 지금 네 마음은 어때? 괜찮아?”

A “안 괜찮은 것 같아…. 화도 나는데, 어떻게 말해야 하나 겁나기도 하고.”

B “그래. 그런 마음이 들지….”

말씨 미세 교정

힘들어하는 친구를 위로할 땐, 문제 해결 대신 마음을 묻는 말씨를 사용한다.

13

옳은 말부터 하지 말고 상대의 심정 듣기

속상해하는 사람에게

"널 위해서 그런 거겠지"라고 말하지는 않나요?

위로는 시시비비를 따지는 과정이 아닙니다. 상대가 힘들어하고 있는 와중에 옳은 말, 바른 말을 하느라 위로하지 못하는 경우가 꽤 많아요. 우리는 도움이 되고 있다고 생각하지만, 사실은 그렇지 않거든요. 다음 대화를 통해서 이 순간 A에게 정말 필요한 말이 무엇인지 찾아볼까요?

A "우리 엄마 진짜 왜 그러냐! 나한테 말도 안 하고!"

B "그래도 널 위해서 그러신 거겠지."

A "야, 날 위한 거면 나한테 먼저 물어봐야지!"

B "다 사정이 있으셨을 거야. 네가 이해해."

A "야! 너 지금 누구 편 드는 거야?"

A는 엄마가 자신과 상의 없이 어떤 결정을 내린 것 때문에 속상한 상황이에요. 그러자 B는 A를 위로하려고 이런저런 말을 건넵니다. 하지만 A는 그 말에 더 화가 나고 맙니다.

B가 했던 "널 위해서 그러신 거겠지", "다 사정이 있으셨을 거야", "네가 이해해" 같은 말이 문제입니다. 이런 말들은 상대를 가르치는 듯한 느낌을 줍니다. 또 현재 A의 감정이 바람직하지 않다고 지적하는 것처럼 들

릴 수 있습니다. '너는 지금 잘못 반응하고 있어, 그러지 말고 이렇게 생각해야 해'라는 의미로 전달될 수 있기 때문이죠. 그러다 보니 위로가 되기는커녕, 오히려 더 부정적인 감정을 유발하죠. A가 감정적으로 반응하는 것은 상황을 몰라서가 아니에요. A와 엄마 사이, 두 사람 관계의 맥락 속에서 이해받지 못하고, 소외된 기분이 들어서 속이 상한 것이죠. 그런데 B가 논리적인 말로 설득하려 하면, A는 엄마뿐만 아니라 B에게까지 짜증이 날 수밖에 없어요.

가르치기: 상대의 감정이 잘못되었다고 지적하며 옳은 말을 함으로써 부정적인 감정을 유발합니다.

이럴 때는 옳은 말로 상대를 가르치려 하지 말고 '감정을 따라가는 말씨'를 사용하는 것이 좋습니다. 앞서 배운 것처럼, 위로는 문제 해결 중심이 아니라 사람의 마음 중심으로 이루어져야 합니다. 그리고 이때 상대의 감정을 더 깊이 이해하려면 논리보다 감정을 따라가는 것이 좋아요. 감정은 개인이 경험하는 고유한 내면의 감각입니다. 따라서 누군가 자신의 감정을 헤아리려고 노력할 때, 우리는 비로소 온전하게 이해받고 있다고 느끼죠. A가 B를 붙잡고 이토록 흥분하며 엄마 이야기를 하는 이유도, B만큼은 자신의 기분과 입장을 알아주기를 바라기 때문이에요.

'감정을 따라가는 말씨' 연습

✔ **놀랐겠다…. 당황스럽기도 하고.**
✔ **네 입장에서는 화가 나지.**
✔ **얼마나 걱정되고 불안했겠어.**

조금 전 대화에서 B는 "널 위해서 그러신 거겠지"가 아니라 "속상했겠다", "놀랐겠어"라고 말했어야 해요. 또한 "네가 이해해야지"가 아니라 "네 입장에서는 화가 나지"라고 해야 위로의 말이 되고요. 물론 다른 사람의 감정을 완전하게 이해하는 것은 어렵습니다. 하지만 중요한 것은 '친구가 내게 어떤 감정을 이해받고 싶어 할까?'를 고민하는 것입니다. 이때는 감정을 정확하게 짚어내는 것이 중요한 건 아니에요. 혹여 감정을 다르게 짚었더라도 내 말을 통해 상대가 자신의 감정을 더 잘 구별하게 될 테니까요. 평소에 감정을 표현하는 다양한 단어를 익혀 두면 감정을 따라가는 데 도움이 됩니다.

많은 사람이 타인의 상황이나 감정을 고려하지 않은 채, 누구나 할 수 있는 교과서적인 조언을 하려 합니다. 상대가 난감한 상황에 처했을 때 조차도 "그것 봐 내가 뭐랬어! 하지 말랬지!" 하면서 자기 말을 앞세우는 경우가 많습니다.

'옳은 개소리'라는 말을 들어본 적 있나요? 말 자체는 틀리지 않지만 상대의 감정을 고려하지 않아 듣기 불편한 말을 뜻해요. 내가 감정적으로 불편할 때 선생님처럼 구는 사람의 말이 듣고 싶은 사람은 아무도 없습니다. 말하는 대신 먼저 들어 보세요. 위로의 대화에서 내가 할 일은 상대의 감정을 따라가는 것뿐입니다. 흥분된 감정이 가라앉고 나면, 상대는 자연스럽게 "내가 엄마 마음을 모르는 것은 아니지만…" 하면서 스스로 생각을 정리할 수 있게 될 테니까요.

A "우리 엄마 진짜 왜 그러냐! 나한테 말도 안 하고!"

B **"어머, 놀랐겠다. 속상하기도 했을 것 같아."**

A "그니깐! 물론 날 위해서 그러셨겠지만, 그러면 나한테 먼저 물어봐야지~"

B **"그러게. 네 입장에서는 화가 나지."**

A "물론 내가 엄마 마음을 모르는 것은 아니지만…."

우리 엄마 진짜 왜 그러냐!
나한테 말도 안 하고!

애구, 놀랐겠다.
속상하기도 했을 것 같아.

그니깐! 물론 날 위해 그러셨겠지만,
그러면 나한테 먼저 물어봤어야지!

열받아….

그러게. 네 입장에선 화가 나지.

맞아. 물론 엄마 마음을
모르는 건 아니지만….

끄덕

말씨 미세 교정

속상해하는 상대를 위로할 땐 옳은 말 대신 감정을 따라가는 말씨를 사용한다.

14

힘내라는 응원의 말 대신 힘이 되어 주기

이미 지쳐 있는 상대에게
"힘내!"라고 말하지는 않나요?

힘들 때 같이 있을게.

이 세상에서 나 혼자만 힘든 것 같은 느낌이 들 때가 있지요? 다른 사람에게 힘들다고 말했다가 오히려 더 외로워지는 말을 들은 경험이 있을 수도 있어요. 다음 A와 B의 대화를 통해, 흔히 사용하지만, 주의해야 할 위로의 말에 대해 생각해 볼까요?

A "아··· 진짜 이제는 너무 지쳤어."

B **"에고···. 힘내. 친구야!"**

A "응···. 그래야 하는데···."

B **"다 잘될 거야. 파이팅!"**

A "응. 그래." (내 일에 관심이 없군.)

A의 기운이 많이 빠져 있네요. 지친 마음을 토로했지만, B의 반응을 보면 "힘내!", "다 잘될 거야!" 같은 말이 반복될 뿐입니다. 결과적으로 A는 더 이상 말할 힘조차 잃고, 대화를 마무리해 버리네요.

많은 사람이 위로가 필요한 순간에 가장 듣기 싫은 말로 "힘내" 같은 응원을 꼽습니다. 힘들어하는 친구에게 카톡으로 "파이팅!" 하는 캐릭터 이모티콘을 보내고는 대화를 끝낸 적이 있지요? 이런 말과 행동은 상대에게 더 깊은 관심을 쏟지 않겠다는 의미로 전달될 수 있습니다. 마치 힘을 덜 내서 힘든 일을 겪고 있는 것처럼 들려 오히려 외로움과 소외감을 느끼게 만들죠. "힘내"라는 말을 들을 때 '힘을 낼 수 있으면 이미 냈지!', '이미 죽을힘을 다하고 있다고!'라고 속으로 외치고 싶어집니다.

응원하기: 힘내라는 일방적인 응원이 상대를 더 외롭고 고립되게 만듭니다.

타인을 위로할 때는 공허한 응원을 피해야 해요. 힘을 내라는 말 대신 '우리와 같이 말씨'를 사용해 보세요. 힘든 일을 함께 해결해 보자는 태도, 힘들 때 곁에 있어 주겠다는 마음을 전하는 겁니다. 이런 위로는 당장 문제를 해결해 주지는 않더라도 '내 곁에 누군가 있다'는 안정감을 주어, 힘든 일을 딛고 일어설 힘이 됩니다.

'우리와 같이 말씨' 연습

- ✔ 힘들 때 같이 있어 줄게.
- ✔ 우리가 같이 방법을 찾아보자.
- ✔ 혼자보다는 둘이 나을 거야.

사회적 정체성Social Identity은 웰빙과 건강에 긍정적인 영향을 미치는 것으로 알려져 있습니다. 즉 어딘가에 소속되어 있고, 누군가와 연결되어 있다고 느낄 때, 우리는 더 건강하고 행복감을 느낀다고 해요.

'누군가 곁에 있으면 덜 아프고, 곁에 아무도 없으면 더 아프다'는 말이 있는데요, 심리학적인 실험을 통해 그 근거가 확인되었습니다. 미국 플로리다대학교 연구팀은 얼음물에 3분 동안 손을 담그고 버티는 실험을 진행했습니다. 그 결과, 누군가 나의 고통에 공감해 주고 눈을 맞추며 응원의 말을 건넸을 때 3분 뒤 통증이 줄어든다는 것을 확인했습니다. 반대로, 혼자 실험에 참여한 사람들은 더 큰 통증을 느꼈다고 해요. 흥미로운 점은 곁에 있는 사람이 친구가 아니라 모르는 사람이어도 같은 효과가 나타났다는 것입니다. 비록 모르는 사람이라 하더라도 아플 때 누군가 옆에서 눈을 맞추고 말을 걸어 주면 고통이 덜해지는 것이죠. 연구팀은 "모르는 타인의 존재만으로도 대인관계에서 지지를 받는 느낌을 충분히 얻을 수 있다"고 설명합니다.

이처럼 함께 있다는 사회적 지지는 스트레스와 고통을 줄여 줍니다. 따라서 우리에게는 가벼운 응원의 말로 대화를 마무리하려는 사람이 아니라, 내 곁에서 진심으로 함께 있어 주는 사람이 필요합니다. 주위에 지쳐 있는 사람이 있다면 "같이 방법을 찾아보자", "힘들 때 같이 있어 주고 싶어"라고 말해 보세요. "힘내"라는 말은 정말 파이팅 넘치게 도전하는 사람에게 보내는 응원으로 남겨 두는 것이 더 좋겠습니다.

A "아… 진짜 이제는 너무 지쳤어…."

B **"에고, 그동안 많이 힘들었구나."**

A "휴…. 그러니까 언제쯤 괜찮아지려나…."

B **"힘들 때 함께 있어 줄게. 우리 같이 방법을 찾아보자."**

A "응, 진짜 고마워. 그 말 들으니까 힘이 난다."

이미 지쳐 있는 사람에게 "힘내"라고 말하지 말고 우리와 같이 말씨를 사용한다.

위로의 말씨로 단단하고 회복탄력성 있는 마음을 만들어 가 보세요!

우리는 아직 위로에 서툽니다. 공감하고 위로하는 것보다, 문제를 분석하고 해결책을 찾는 데 더 능숙하죠. **자신의 감정을 다루는 것에도 서툴러서 타인의 슬픔과 아픔에 어떻게 반응해야 할지 몰라요.** 그래서 분위기를 좋게 만들려 하거나, 상대의 슬픔을 축소하고, 아파하는 이를 가르치거나 몰아붙이기도 합니다.

그러나 뇌과학적으로 보면, 공포와 불안 등 부정적 감정을 감지하는 뇌의 편도체가 안정되지 않으면 좋은 조언이나 옳은 가르침, 구체적인 계획은 별 의미가 없습니다. 심리적으로 안정되어야만 사고와 실행과 같은 고도의 정신 작용을 담당하는 전두엽이 제 기능을 발휘하며 앞으로 나아갈 방법을 찾을 수 있거든요. 공감과 위로를 받으면 뇌의 편도체 활동이 줄어들어 불안과 스트레스가 완화됩니다.

그래서 힘들어하는 사람의 마음에 가닿을 수 있도록 **위로의 말씨** 연습이 필요해요. 앞으로 어떻게 위로해야 할지 모르겠다면 성급하게 긍정적으로 상황을 바꾸려 하지 말고 **'모르겠어요 고백의 말씨'**를 사용해 보세요. 대화 기술보다 중요한 것은 언제나 진정성과 진심이니까요. 누군가 너무 속을 태우는 모습이 안쓰러워 안심시키고 싶다고 상대의 걱정을 별것 아닌 것처럼 축소시키지 마세요. 지금 그 사람에게는 자신의 불안이 가장 크고 중요하게 느껴질 테니까요. **'생각을 전환하는 말씨'**로 어떤 감정이든 자연스럽게 받아들이고 안심하는 데 도움이 되는 말을 보태 보세요.

'마음을 묻는 말씨'로 어떻게 할 거냐고 재촉하기 전에 먼저 상대의 마음이 어떤지 물어봐 주세요. 누군가 내 감정을 궁금해하고 지켜봐 줄 때 비로소 자신의 진짜 마음을 돌아볼 수 있습니다. 이때 **'감정을 따라가는 말씨'**를 함께 사용하면 좋습니다. 누구나 아는 '바른 말'보다는 상대가 현재 어떤 감정을 느끼고 있는지를 좇아가면서 감정 단어로 표현해 주세요. 마지막으로 "파이팅!"은 응원이 필요한 순간에만 사용하기로 해요. 대신 **'우리와 같이 말씨'**를 사용하면서 우리가 함께 연대하고 있고, 같은 공동체에 속해 있다고 느끼게 해 주세요.

위로가 필요 없는 사람이 있을까요? 삶에서 슬픔과 고통은 누구에게나 찾아오며, 이를 받아들이고 극복하는 과정에서 타인의 공감과 지지는 큰 힘이 됩니다. 힘든 순간, 자신의 감정을 숨기고 모른 척하면 신체적, 심리적 문제로 이어질 수 있어요. 혼자 이겨 내는 것만이 능사는 아니에요. 조금만 용기를 내어 "나 힘들어. 너에게 위로받고 싶어"라고 말해 보세요. "힘들다"라고 솔직하게 말하고, 타인의 위로와 지지를 받는 경험이야말로 우리를 단단하고 회복탄력성 있는 존재로 성장시킵니다.

4부

사양 말고 센스 있게 칭찬의 말씨

15

완벽하지 않아도 노력을 알아보기

칭찬할 타이밍에
"근데 좀 아쉽다"라고 말하지는 않았나요?

**근데 여기
포인트가 아쉽다!**

**그동안 틈틈이
연습했구나.**

강의 중에 사람들에게 "지난 일주일간 칭찬받은 기억이 있으세요?"라고 물어보면 대부분 손을 들지 못해요. 서로 머쓱한 표정으로 두리번거리며 씁쓸한 미소를 짓곤 하지요. 칭찬이 좋다는 것을 알면서도 우리는 여전히 잘 하지도 받지도 못하는 거죠. 다음 A와 B의 대화를 통해 칭찬이 왜 어렵게 느껴지는지 생각해 볼까요?

A "이거 네가 만들었어?"

B "응. 그냥 취미 삼아서…."

A **"아, 근데… 여기 포인트가 조금 아쉽다!"**

B "… 그래?"

A **"다음에 만들 때는 여기를 더~"**

B "…." (누가 평가해 달라고 했어?)

A는 B가 취미로 만든 작품에 관심을 보입니다. 하지만 칭찬의 말을 먼저 건네지는 않네요. 대신 "근데 여기 포인트가 조금 아쉽다!"라고 지적하며 평가하는 대화로 이어 갑니다. 그러면 듣는 B는 속으로 '누가 평가해 달랬어?' 하면서 마음이 상할 수밖에요.

'부정성 편향Negativity Bias' 때문에 우리는 칭찬보다 부족한 점을 먼저 발견하게 됩니다. 부정성 편향이란 '부정적인 것이 긍정적인 것보다 더 강한 영향을 미친다'는 개념입니다. 사람들은 긍정적인 정보보다 부정적인 정보에 더 민감하게 반응하는 경향이 있습니다. 《부정성 편향》의 저자인 호주 퀸즐랜드대학교 심리학자 로이 바우마이스터Roy F. Baumeister 교수는 나쁜 경험 하나를 극복하려면 좋은 경험 네 번이 필요하다는 '4의 법칙'을 설명하며 부정성의 영향력이 얼마나 강력한지 강조했습니다.

따라서 이러한 경향이 상대 또는 상대의 결과물을 평가하는 말로 이어지지 않도록 주의해야 합니다. 우리는 결과만 보고 쉽게 판단하지만, 모든 결과물에는 보이지 않는 '노력의 과정'이 담겨 있으니까요. 그런 측면에서 평가의 말은 상대에게 상처가 될 수 있어요.

평가하기: 부정성 편향 때문에 결과와 가치를 따지는 데 집중하느라 정작 상대를 칭찬하지 못합니다.

결과물이 내 기준에 완벽하지 않더라도 충분히 칭찬할 수 있습니다. 그러려면 '평가의 말씨' 대신 '과정을 격려하는 말씨'를 사용해야 해요. '잘했다' 혹은 '못했다'의 이분법적 관점에서 벗어나 지금까지 상대가 어떤 노력을 기울였는지에 주목하며 칭찬을 하는 겁니다. 예를 들어 "그동안 틈틈이 연습했구나", "꾸준히 준비했나 봐"처럼 겉으로 보이지 않는 과정에 대한 인정을 표현하는 것이죠.

'과정을 격려하는 말씨' 연습

- 그동안 틈틈이 연습했구나~
- 갈수록 디테일해지네~
- 꾸준히 준비한 티가 난다~

사람들에게 "왜 칭찬을 안 하게 되나요?"라고 물으면 많은 이들이 "잘하지 않았는데 어떻게 칭찬하나요?"라는 답이 되돌아옵니다. 즉, 칭찬은 일정 기준을 충족했을 때만 가능하다는 전제가 깔려 있는 것이죠. 물론 결과가 좋을 때는 '잘했다'라고 말하면 됩니다. 하지만 결과가 아쉽더라도 '의도와 과정' 속에 담긴 노력와 태도, 경험을 알아봐 주세요. 이것이 결과 중심의 칭찬과 차별되는 '과정 중심의 인정Acknowledg'입니다.

칭찬을 받으면 뇌의 보상 중추가 자극되어 도파민이 분비되고, 이로 인해 에너지가 생기며, 면역계가 강화되는 효과가 나타납니다. 나아가 한 연구 결과에 따르면 칭찬을 하는 사람에게도 긍정적인 영향이 미친다고 합니다. 영국 스태퍼드셔대학교의 제니퍼 콜Jennifer Cole과 한나 스크리브너Hannah Scrivener 박사 연구팀은 남에 대해 좋은 이야기를 많이 하는 사람들은 그러지 않는 사람들보다 자존감이 더 높다는 연구 결과를 발표했습니다. 이는 솔직하게 칭찬하는 것과 심리적 건강 사이에는 의미 있는 연관성이 있다는 뜻이죠.

칭찬은 비타민과 같은 말입니다. 아껴 두거나 한꺼번에 몰아서 하지 말고, 자주 주고받으면서 관계의 활력을 불어넣어 보세요. 그러려면 '잘했다', '못했다' 평가의 유혹에서 벗어나 각자의 자리에서 최선을 다하고 있는 사람들의 노력을 바라볼 수 있어야 합니다.

A “이거 네가 만들었어?”

B “응, 그냥 취미 삼아서….”

A **“바빴을 텐데 그동안 틈틈이 연습했나 봐!”**

B “응. 조금씩… 괜찮아?”

A **“응. 갈수록 디테일해지네! 이건 어떻게 한 거야?”**

B “알아봐 주니 고마워. 그건 말이야, 만들 때~”

부족한 점이 먼저 보이더라도 평가하지 말고 과정을 격려하는 말씨를 사용한다.

16

대충 넘기지 말고 고마움을 말로 표현하기

고맙다는 말 대신
"고마워하는 거 알지?"라고 말하지는 않나요?

내가 고마워하는 거 알지?

고마워. 덕분에
시간을 줄일 수 있었어.

저는 아이들에게 '고맙습니다'라는 인사를 자연스럽게 표현하도록 가르칩니다. 그런데 어른이 되면 이 말을 정확하게 사용하지 못하는 사람이 의외로 많다는 사실을 알게 되죠. 다음 대화를 통해 나는 고마움을 어떻게 표현하고 있는지 생각해 볼까요?

A **"야~ 내가 고마워하는 거 알지?"**

B "그래~"

A **"너도 좋은 일 하고 얼마나 좋냐~"**

B "…." (얘는 고맙다는 말도 제대로 못 하더라….)

A는 B에게 고마운 마음을 느낍니다. 그러나 "고마워"라고 직접적으로 표현하지 않고 "고마워하는 거 알지?"라는 식으로 돌려 말하고 있어요. 또 쑥스러운지 "너도 좋은 일 하고 얼마나 좋냐~"라는 말까지 덧붙이며 본래의 감정을 흐리고 있지요.

가까운 사이일수록 고마움을 직접적으로 표현하지 않는 경우가 많습니다. '굳이 말하지 않아도 알겠지'라고 생각하는 거죠. 이것은 말하지 않아도 마음이 통할 것이라는 착각입니다. 심리학에서는 이를 '투명성

과장 오류Illusion of Transparency'라고 하는데요, 내가 가진 기대와 감정이 상대에게 투명하게 전달될 것이라고 착각하는 현상입니다. 즉, 실제로는 상대가 우리의 생각이나 의도를 충분히 알지 못하는 경우가 많지만, 우리는 '내가 고마워한다는 것쯤은 잘 알고 있겠지?' 하고 혼자 기대해 버리는 것이죠. 이런 착각은 특히 가까운 사람일수록 더 자주 발생하며, 이는 관계 형성에 부정적인 영향을 줄 수 있습니다. 결국, 상대는 '쟤는 고마운 줄도 모른다', '고맙다는 말 한마디를 제대로 못 들어 봤다'라며 서운함을 느끼고 오해가 쌓일 수밖에 없지요.

이심전심: 말하지 않고도 서로의 마음을 알 수 있다는 착각은 결국 서운함과 오해를 만듭니다.

감사는 단순한 인사치레가 아니에요. 감사의 표현은 관계에서 신뢰와 애정을 높이는 중요한 대화 방식입니다. 가까운 사람에게 감사를 자주 표현하면 상대도 나에게 더 감사하는 마음을 가지게 되고, 긍정적인 상호작용이 증가해 대인관계가 더욱 돈독해지죠. 또한 〈성격과 사회심리학 저널〉에 따르면, 감사를 표현하면 '나의 행복감'이 높아질 뿐만 아니라, "감사하다"라는 말을 듣는 사람 역시 행복감이 높아져서 감사 인사를 하는 사람과 듣는 사람 모두에게 이득이 된대요. 게다가 감사는 미래에도 긍정적인 행동을 유도하는 힘이 있습니다. 〈심리과학 저널〉에 따르면 감사를 표현하는 사람은 주변으로부터 더 많은 사회적 지원을 받는다고 하네요.

이제부터라도 고마움을 말로 전해 보세요. 상대의 수고와 노력을 인정하는 표현을 해 보는 거예요. 만약 어떻게 시작해야 할지 모르겠다면 '덕분에 고마워요 말씨'를 활용하면 됩니다. 고맙다는 말에 '덕분에~'를 덧붙여 상대가 어떻게 도움을 주었는지 구체적으로 표현하는 것이죠. 예를 들어 "고마워, 네 덕분에 시간을 줄일 수 있었어", "네 도움 덕분에 시간 내에 제출했어, 고마워"처럼요.

'덕분에 고마워요 말씨' 연습

- ✔ **네 도움 덕분에 시간을 줄일 수 있었어. 고마워.**
- ✔ **네 아이디어 덕분에 점수 좀 땄어. 고마워.**
- ✔ **네 위로 덕분에 마음이 안정되었어. 고맙다.**

'덕분에 고마워요 말씨'는 단순히 감사를 전달할 뿐만 아니라, 상대의 '기여 욕구'를 충족시키는 말이기도 합니다. 인간은 누군가에게 도움이 되는 행동을 하고 싶어 하고, 그것이 상대에게 어떤 영향을 미쳤는지 알고 싶어 합니다. 또 그것을 다른 사람이 알아봐 줄 때 더 큰 만족감과 보람을 느끼죠.

사회적 교환 이론Social Exchange Theory에 따르면, 사람은 자신이 상대를 위해 노력한 만큼 상대에게도 배려와 노력을 받고 싶어 해요. 즉, 친밀한 관계에서도 정서적 지지와 표현이 오고 갈 때 관계가 지속될 수 있다는 뜻입니다. 고맙다는 말은 소중한 관계를 유지하는 데 필수적인 말이에요. 이제 더 이상 쑥스러워 하지 말고 직접적으로 고마움을 표현해 보세요.

A **"야~ 고마워. 네 도움 덕분에 과제 시간을 줄일 수 있었어."**

B "그래. 다행이네~"

A **"너 아니었으면 마감 기한 내에 제출하기 어려웠을 거야!"**

B "그렇게 말해 주니 고마워." (도움이 되었다니 보람 있네!)

고마움을 표현할 때는 돌려 말하지 말고 직접적으로 덕분에 고마워요 말씨를 사용한다.

17

비교하는 대신 고유한 특성 알아보기

칭찬할 때 남과 비교하면서
"넌 좀 다르네"라고 말하지는 않나요?

네가 정리하는 거
도와줄 때
배려심이 느껴졌어.

칭찬을 받았지만, 선뜻 상대에게 "감사합니다"라는 말이 나오지 않았던 경험이 있나요? 다음의 대화에서 A의 말이 칭찬으로 전달되지 못한 이유를 한번 생각해 보세요.

A **"넌 참 외동딸 같지 않다~"**
B "무슨 뜻이야?"
A **"보통 외동딸은 좀 이기적이라고 하잖아. 넌 아닌 것 같아서…."**
B "아… 그런가?" (칭찬 같은데 왠지 기분이….)

A는 "보통 외동딸은 좀 이기적이라고 하잖아"라는 비교의 프레임을 사용해 B를 칭찬하고 있습니다. 하지만 B는 이 말을 듣고 기분이 좋지 않습니다. 왜일까요? B는 여전히 '외동딸'이라는 정체성을 가지고 있기 때문입니다. A의 말 속에는 '외동딸은 이기적이다'라는 숨겨진 의미가 담겨 있어, B는 자신과 자신이 속한 집단이 부정적으로 평가받았다는 느낌을 받습니다. 이런 말을 들으면, 칭찬을 받았다는 느낌보다 불편함이 더 크게 남을 수밖에 없습니다.

저 역시 예전에 종종 들었던 말인데요. 상대는 칭찬하는 듯 웃으며 말했지만, 정작 저는 같이 웃을 수 없었던 기억이 있습니다. 이럴 때는 오히려 "외동딸은 좀 이기적이라고 생각했는데, 너를 보니 내 선입견이었어"라고 말하는 것이 더 나은 칭찬이 될 수 있을 텐데 말이죠. 왜냐하면 나와 내가 속한 집단 모두를 긍정적으로 보게 되었다는 뜻이니까요.

"쟤보다 낫다", "요즘 세대치고는 열정적이네"처럼 비교의 프레임에서 나온 칭찬은 결국 나를 포함한 대상 전체를 부정적으로 평가하는 느낌을 주기에 삼가야 합니다. 또한 "나보다 낫다", "나는 그렇게 못 해"처럼 자신과 상대를 비교하는 칭찬이나, "쟤는 우리랑 달라", "너희들도 얘처럼 열심히 해 봐"처럼 공개적으로 한 사람과 여럿을 비교하는 칭찬도 좋지 않습니다.

비교하기: 비교의 프레임에서 하는 칭찬은
나와 대상 전체를 부정적으로 평가하는 느낌을 줍니다.

칭찬은 비교가 아닌, 개인의 특성을 알아보는 것에 초점을 맞춰야 하는데요, 이때 '행동의 강점을 알아보는 말씨'를 사용하면 좋아요. 강점이란 사람마다 가장 잘할 수 있는 인지적, 행동적, 정서적 능력을 뜻합니다. 강점은 '누가 더 낫다'의 개념이 아니라, 사람마다 다르게 나타나는 고유한 특성이므로 잘 활용하면 한 사람만을 위한 칭찬을 할 수 있어요.

우리는 흔히 '똑똑하다', '착하다'처럼 사람의 전반적인 속성을 칭찬하는 경우가 많습니다. 하지만 드웩 팀의 연구에 따르면, 이런 방식은 오히려 역효과를 일으킬 수 있습니다. 왜냐하면 전반적인 속성에 대한 칭찬은 일종의 평가처럼 들릴 수 있어서, 상대가 부담을 느껴 앞으로 실수를 하지 않을까 불안해할 수 있거든요. 따라서 사람 전체의 속성보다는 특정 행동에 초점을 맞춘 칭찬이 더 효과적입니다. 칭찬을 할 때는 상대의 특정 행동이 어떤 강점으로 느껴졌는지, 행동과 강점을 연결해서 구체적으로 알아보고 말해 주면 됩니다.

'행동의 강점을 알아보는 말씨' 연습

- 먼저 정리하는 거 도와줄 때 배려심이 느껴졌어.
- 너는 그런 상황에서는 추진력을 발휘하잖아.
- 네가 사람들과 미팅할 때 친화력이 돋보였어.

예를 들어 다른 사람을 돕는 행동을 했을 때는 '배려심', '친밀함' 같은 강점을 찾아 연결해서 "먼저 정리하는 거 도와줄 때 배려심이 느껴졌어"라고 말할 수 있습니다. 일을 속도감 있게 이끈 행동을 보았다면 '추진력', '실행력' 같은 강점을, 사람들과 원활하게 소통하는 모습을 보았다면 '사교성', '의사소통' 같은 강점을 칭찬할 수 있겠지요.

사람들은 자신의 강점을 알고 사용할 때 자신감이 높아지고 더 많은 에너지와 활력을 얻을 수 있다고 해요. 동일한 일을 수행하더라도 스트레스를 덜 받으면서 더 많은 성취를 이뤄낸다고 합니다. 뿐만 아니라 자신의 강점을 많이 활용하는 사람은 타인의 이익을 해치지 않으면서도 긍정적 정서를 느낍니다. 또 어떤 일을 수행할 때도 그 상황에 가장 적합한 방법을 찾아 활용할 수 있다고 말합니다.[1]

평소에 누군가의 단점보다 강점에 더 관심을 가져 보세요. 그러기 위해 다양한 '강점 단어'를 익히는 것부터 시작해 보기를 추천합니다. 자신의 강점을 인식하고 활용하거나, 타인의 강점을 알아보고 인정하려면 다양한 강점을 정확하게 표현할 수 있는 언어가 필요하니까요.

A **"아까 네가 정리하는 거 도와줄 때 배려가 느껴졌어."**

B "아, 내가 그랬나?"

A **"응. 다들 정신없는데 사람들 챙기면서 혼자 정리를 시작하더라."**

B "그랬구나. 알아줘서 고마워~"

말씨 미세 교정

청찬할 때는 비교의 프레임을 사용하지 말고
행동의 강점을 알아보는 말씨를 사용한다.

18

칭찬을 거절하지 말고 유쾌하게 받아 돌려주기

칭찬받았을 때
"아니에요~"라고 말하지는 않나요?

대화는 꿍짝이 잘 맞아야 한다고 하죠. 칭찬도 마찬가지예요. 칭찬하는 사람도 세련되게 해야 하지만, 칭찬을 받는 사람 역시 센스 있게 반응하는 것이 중요하죠. 다음의 대화에서 A가 칭찬을 하고도 무안해진 이유가 무엇인지 생각해 볼까요?

A "와~ 오늘 입은 정장 멋져요~"

B **"에이, 별거 아니에요~"**

A "핏이 예쁜데요, 뭘~ 딱이네, 딱!"

B **"좋은 옷 아니에요. 산 지 오래된 거예요."**

A "아, 그래요…." (내가 다 민망해지네.)

A는 B가 입은 옷에 대해 칭찬을 합니다. 그러자 B는 "별거 아니에요", "좋은 옷 아니에요", "산 지 오래됐어요" 등의 말로 칭찬을 계속 부정합니다. 그러자 기분 좋게 칭찬하려던 A는 더 이상 무슨 말을 해야 할지 난감해집니다.

칭찬을 주고받는 것이 익숙하지 않은 사람들은 종종 '무효화하기' 반응을 보입니다. 상대의 선의를 선뜻 받아들이지 못하고, 칭찬을 거절하거나 혹은 없던 일처럼 만들어 버리는 말과 행동을 함으로써 칭찬을 건넨 사람을 멋쩍게 만드는 거죠.

무효화하기: 칭찬을 거절하거나 없던 것으로 만들어 칭찬을 한 상대를 난처하게 합니다.

〈실험사회심리학 저널〉에 실린 데이비드 킬David Kille 연구팀의 연구에 따르면 칭찬을 제대로 받아 본 경험이 적은 사람들은 자신이 주변 사람들에게 호감을 얻고 있다는 확신이 낮은 경향이 있다고 합니다. 즉, 누군가 자신을 칭찬하면 그대로 받아들이지 못하고, 나는 이런 칭찬을 들을 만한 사람이 아니라고 생각하며 기뻐하지 못하는 것이죠. 또한 칭찬을 '평가'나 '기대'의 말로 받아들여 부담스럽게 느끼기도 합니다.

누군가 칭찬의 말을 할 때는 사양하지 말고 자연스럽게 받는 연습을 해 보세요. 그리고 나의 장점을 알아봐 주고, 호감을 표현한 상대에게 '당신도 멋져요 말씨'를 사용하면 좋습니다. 먼저 "고맙습니다", "감사해요"라고 칭찬을 기분 좋게 받은 뒤, 상대에게 다시 돌려주면 됩니다. 여기서의 포인트는 '무엇을 칭찬으로 돌려줄 것인가'에 있어요. 나에게 해준 칭찬과 유사한 특성을 발견하면 좋습니다. 상대가 나를 칭찬한 포인트는 그 사람이 관심을 두는 요소일 가능성이 높기 때문이죠. 만약 순간적으로 그것을 발견하기 어렵다면 나에게 보내 준 관심, 그것을 알아본 안목, 표현해 준 능력에 대해서 칭찬하는 말을 건네도 좋겠지요.

예를 들어 "감사해요. 칭찬 센스까지 좋으세요"는 나를 알아봐 준 센스와 안목에 대해서 칭찬한 것이고요, "고맙습니다. 오늘 입은 셔츠도 진짜 근사해요!"라는 말은 상대가 나의 옷이나 스타일에 관해 칭찬했으니 나도 상대의 스타일에 관심을 보이는 표현이죠. 이렇게 하면, 상대도 '내 칭찬이 받아들여졌다'는 느낌을 받게 되고, 칭찬을 주고받는 대화가 더욱 즐거워집니다.

'당신도 멋져요 말씨' 연습

- ✔ **오늘 입은 셔츠 컬러도 근사해요!**
- ✔ **칭찬 센스까지 좋으세요~**
- ✔ **패션 감각 있으신 분한테 칭찬받으니 더 좋은데요!**

작가 마크 트웨인은 "나는 한 마디의 칭찬으로 두 달을 기쁘게 살 수 있다I can live for two months on a good compliment"라고 말했지요. 칭찬은 상대의 자존감을 높이고, 사회적 유대를 강화하며, 주고받는 사람들 사이에 신뢰를 쌓아줍니다. 칭찬을 받으면 그 칭찬을 해 준 사람에게 긍정적인 감정이 생기면서 더 깊은 유대감이 형성되죠. 그러니 칭찬을 너무 아끼거나 사양하지 말고, 더 자주 나누면서 기분 좋게 즐겨 보세요.

A "와~ 오늘 입은 정장 멋져요~"

B **"오! 고마워요~"**

A "핏이 예쁘네~ 딱이네, 딱!"

B **"칭찬 센스까지 좋으세요~ 오늘 입은 셔츠 컬러도 진짜 근사해요~!"**

A "저도 좀 괜찮나요? 하하하~"

칭찬을 받을 때는 거절하지 말고, 당신도 멋져요 말씨를 사용한다.

19

자신을 낮추지 않으면서 선물 기쁘게 받기

선물을 받았을 때
"신경 안 쓰셔도 되는데…"라고 말하지는 않나요?

저는 신경 안 쓰셔도
되는데요.

감사합니다.
번거롭지 않으셨어요?

칭찬뿐만 아니라 선물을 받을 때도 준비한 사람의 마음을 더 기쁘게 해 주는 사람이 있습니다. '선물을 할 맛이 나는 사람'이지요. 다음 대화를 통해 좋은 의도의 선물을 기분 좋게 받는 방법에 대해 생각해 볼까요?

A "여기, 작은 선물이에요~"

B **"어머~ 저는 신경 안 쓰셔도 되는데요…."**

A "좋은 거 같이 쓰면 좋죠~"

B **"한 게 별로 없는데… 뭘 이런 걸 챙겨 주세요~"**

A "에이, 이왕 가져온 거니까 쓰세요~" (가지고 온 사람 성의를 봐서 기분 좋게 받지….)

A가 B에게 작은 선물을 건넵니다. 그러자 B는 "저는 신경 안 쓰셔도 되는데요", "한 게 별로 없어요", "뭘 이런 걸 챙겨 주세요~"라고 반응하네요. 하지만 이런 말들은 선물을 준비한 사람의 마음을 충분히 살피지 못하는 반응이에요. B는 선물을 어떻게 받아야 할지 몰라서 당혹스러워하거나, 선물을 준비하지 못했다는 미안함과 부담감 같은 자기 감정에만 집중해 버렸죠. 결과적으로 A가 선물을 준비한 진심과 배려를 제대로

받아들이지 못하는 상황이 되었습니다.

이처럼 과한 겸양은 유의해야 해요. 겸양이란 겸손한 태도로 자신을 내세우지 않거나, 자기 뜻을 굽혀 남에게 양보하고 사양하는 태도를 뜻하는데요, 위의 대화처럼 지나치면 상대의 호의에 대한 거절로 받아들여지기 때문이에요.

과한 겸양: 지나친 겸손과 사양은 상대의 배려를 거절하거나 무시한다는 인상을 줄 수 있습니다.

선물을 받았을 때 어떻게 반응해야 할지 모르겠다면 '감사와 겸손의 말씨'를 사용해 보세요. "감사합니다" 하며 기쁘게 받아 주세요. 그리고 선물을 준비한 상대의 수고와 마음을 배려하는 말을 덧붙이면 됩니다. "가져올 때 힘들지 않으셨어요?", "언제 이렇게 다 준비하셨어요"처럼 선물을 준비한 상대의 시간과 마음을 알아봐 주는 것이죠.

'감사와 겸손의 말씨' 연습

- ✓ **저까지 챙겨 주셔서 감사해요. 언제 이렇게 준비하셨어요?**
- ✓ **생각해 주신 마음 감사히 받을게요. 챙기시느라 힘드셨겠어요.**
- ✓ **감사하게 받고 잘 쓸게요. 번거롭지 않으셨어요?**

사회인류학자 토마스 힐란드 에릭센Thomas Hylland Eriksen은 그의 책 《인생의 의미》에서 "건전한 세상에서는 다른 사람의 보답을 받아들이는 것 역시 균형과 상호 존중을 위해 갖추어야 할 인간의 신성한 의무다"라고 말합니다. 그는 타인에게 베푸는 호의나 환대는 행위보다 받는 행위의 비중이 더 크다는 점을 강조하면서 이 과정에서 겸손과 감사의 태도가 요구된다고 설명했어요.

때로는 선물을 주고받으면서 교환 가치의 복잡성이 드러나기도 해요. 내가 원한 선물이 아닐 수도 있고, 언젠가 다시 선물을 베풀어야 한다는 부담을 느낄 수도 있어요. 특히, 어릴 적부터 '무조건적인 선물'을 받아 본 경험이 적거나, 현재 경제적 여유가 없어 타인에게 베풀기 어려운 상황이라면 선물을 채무로 느낄 수 있습니다.

공동체Community는 라틴어 com(함께)과 munus(선물 주기, 의무, 책무)가 합쳐진 말입니다. 즉, '서로 선물을 나누는 관계', '의무와 책임을 함께 나누는 관계'라고 할 수 있어요. 인간관계는 '호혜성의 법칙'으로 운영됩니다. 누군가 나에게 호의를 베풀면 나도 상대에게 호의를 베풀고 싶은 마음이 생기고, 그 마음들이 관계의 다리를 만들죠. 하지만 그 다리가 없다면 사람은 점점 고립된 '섬'이 되어 버리고 말아요. 그러니 받은 것에 충분히 기뻐하고, 기회가 될 때 줄 수 있는 만큼 베풀어 보세요. 작은 나눔은 호의의 시작입니다.

A "여기, 작은 선물이에요~"

B "어머, 저까지 챙겨 주셔서 감사해요. 언제 이렇게 준비하셨어요~"

A "좋은 거 같이 쓰면 좋죠~"

B "기쁘게 받겠습니다. 가지고 올 때 번거롭지 않으셨어요?"

A "번거롭긴요~ 좋아하니까 저도 좋네요."

말씨 미세 교정

작은 선물을 받으면 자신을 낮추며 사양하지 말고 감사와 겸손의 말씨를 사용한다.

칭찬의 말씨로 관계에 활력을 더하는 비타민을 만들어 보세요!

어른이 되어 인간관계가 넓어질수록, 다양한 방식의 칭찬 기술이 더욱 필요합니다. 대단한 일이 아니더라도 서로를 격려하고 인정하며 축하하는 대화 기술을 익혀야 활력 있는 관계를 만들 수 있어요. 그러나 여전히 평가적이고 결과중심적인 관점에만 갇혀 있다면 자신도 모르게 칭찬과 인정에 인색한 사람이 될 수 있습니다.

우리는 종종 칭찬의 영향력을 과소평가하며 오해합니다. '칭찬을 한다고 뭐 얼마나 좋아하겠어?' 혹은 '괜히 불편하게 만드는 건 아닐까?' 같은 생각으로 칭찬의 긍정적인 힘을 제대로 활용하지 못하곤 하죠.

펜실베이니아대학교 연구자 에리카 부스비Erica Boothby와 코넬대학교의 교수 바네사 본스Vanessa Bohns는 사람들이 칭찬의 긍정적 효과를 과소평가한다는 사실을 밝혀냈습니다. 연구자들은 낯선 사람들에게 "셔츠가 예뻐요" 같은 짧은 칭찬을 하게 하고, 받은 사람의 반응을 예측하게 하는 실험을 했습니다. 결과는 어땠을까요? 놀랍게도 칭찬을 받은 사람들은 예상보다 훨씬 더 기뻐했으며, 불쾌하거나 불편한 감정은 훨씬 덜 느낀 것으로 나타났습니다. 칭찬이 역효과를 낼까 걱정할 필요가 없다는 것을 증명한 연구였죠.

말씨를 조금만 바꿔도 더 센스 있는 칭찬이 됩니다. 칭찬은 평가하는 시간이 아니에요. 완벽하지 않고 부족하더라도 **'과정을 격려하는 말씨'**로 상대의 노력을 알아봐 주세요. 고마움을 표현할 때는 **'덕분에 고마워요 말씨'**로 상대의 도움이 어떤 기여를 했는지 구체적으로 들려주세요. 또한 우월과 열등을 비교하는 칭찬을 피하고, **'행동의 강점을 알아보는 말씨'**로 상대의 행동 속에서 보석 같은 강점을 찾아 주세요.

칭찬을 받을 때도 **'당신도 멋져요 말씨'**로 자연스럽게 받아 보세요. 나아가 상대의 멋진 점이나 높은 안목을 칭찬하며 대화를 더 풍성하게 해 보세요. 칭찬은 나눌수록 커지니까요. 선물도 마찬가지예요. 과한 겸양으로 상대의 호의를 거절하지 말고 **'감사와 겸손의 말씨'**로 감사의 마음을 충분히 전해 보세요. 이때 선물을 준비한 상대의 마음과 시간을 배려하는 한마디를 덧붙이면 더 세련된 표현이 될 수 있어요.

칭찬을 가장 잘하는 사람은 누구일까요? 많이 받아 본 사람, 평소에 자신에게 인정과 격려를 잘하는 사람입니다. 칭찬과 격려, 인정이 얼마나 사람의 마음에 필요한 양분인지 경험한 사람이 남에게도 편하게 칭찬의 말을 건넬 수 있어요. 여전히 칭찬이 어렵다면 **나를 먼저 칭찬하는 연습부터 시작하세요**. 완벽하지 않아도 괜찮습니다. 다른 사람과 비교하느라 스스로를 괴롭히지 말고, 오늘 발휘한 작은 노력에 따뜻한 인정과 격려를 보내 보세요.

5부

끙끙거리지 말고 정확하게
피드백의 말씨

20

이렇게 말고, 저렇게 해 달라고 콕! 짚어 알려 주기

개선 요청을 하면서
"앞으로는 그러지 마"라고 말하지는 않나요?

피드백은 문제를 해결하기 위한 대화입니다. 피드백을 할 때는 현재 문제가 무엇인지, 앞으로 기대하는 방향이 무엇인지 명확하게 정리해야 하죠. 그러나 피드백을 할 때 가장 중요한 포인트를 놓치는 경우가 많은데요. 다음 대화를 통해 A처럼 말하면 안 되는 이유가 무엇인지 찾아볼까요?

A **"앞으로는 지금처럼 파일 보내지 마세요."**

B "네…?"

A **"파일 제목 양식이 다 다르니까 정리가 힘들어요."**

B "아… 네. 알겠습니다." (근데… 어떻게 하라는 거지?)

A는 B에게 파일 제목 양식이 통일되지 않아 정리하기 어렵다면서 피드백을 하고 있습니다. B는 알겠다고 했지만, 그래서 앞으로 어떻게 해야 하는지 명확하게 이해하지 못한 상태입니다. B가 A의 말을 듣고 직접 물어보든가, 스스로 방법을 찾아야 할 듯 보입니다. 그러나 B가 눈치껏 알아서 바꾸더라도 A가 원하는 방식이 아닐 가능성이 높아요.

피드백을 할 때 단순히 문제를 지적하는 데서 대화가 멈추면 단순한 지적으로 끝날 수 있습니다. 때론 지적이 필요할 때도 있지만, 위의 대화처럼 문제를 드러내는 것만으로는 상황이 개선되지 않아요. 가장 나쁜 피드백은 서로 기분만 상하게 하고, 아무런 변화도 만들어 내지 못하는 거예요. 반대로 건강한 피드백은 문제를 짚어 내는 것에서 멈추지 않고, 앞으로 어떻게 다르게 할 것인가에 대한 구체적인 실행 방안까지 제시하는 겁니다.

지적하기: 잘못된 결과에만 초점을 맞추면 문제 해결을 위한 대안을 찾지 못합니다.

이런 비생산적인 비판에서 벗어나 실질적으로 도움이 되는 피드백을 하고 싶다면 '대안을 요청하는 말씨'를 사용해야 해요. "이렇게 하지 마세요", "그건 안 돼요"가 아니라 "앞으로 이렇게 해 주세요" 하면서 내가 원하는 결과를 콕! 짚어서 알려 주어야 합니다. 예를 들어 좀 전의 상황에서는 "앞으로는 지금처럼 파일 보내지 마세요"가 아니라, "다음부터는 팀명, 제목, 작성 날짜 순으로 파일명을 작성해 주세요"라고 대안을 제시하고 대화를 마무리 했어야 해요.

'대안을 요청하는 말씨' 연습

- ✔ 다음부터는 바탕체로 글꼴을 통일해서 작업해 주세요.
- ✔ 앞으로는 엑셀 말고, PPT 파일 열 장 이내로 작성해 주세요.
- ✔ 지금부터는 파일명에 날짜를 추가해 월별로 관리해 주세요.

만약 구체적인 대안이 정해지지 않았다면 상대에게 질문을 해서 함께 해결책을 찾아야 합니다. "앞으로 파일명을 어떻게 바꾸면 좋겠어요?"라고 상대의 의견을 직접 물어보세요. 그리고 대화가 몇 번 오간 후에는 "그럼 앞으로는 ~한 방식으로 하지요"까지 명확하게 마무리해야 상대가 헷갈릴 일이 줄어들고, 같은 문제로 다시 피드백할 필요가 없어집니다.

하버드 로스쿨 교수 더글러스 스톤Douglas stone과 세일라 힌Sheila Heen은 〈하버드 비즈니스 리뷰〉에 실린 '비판에서 코칭을 찾아라'에서 "피드백은 선의의 의도라 하더라도 상대에게 감정적 반응을 일으키고, 관계의 긴장을 유발하며, 의사소통을 단절시킨다"라고 말합니다. 사람은 누구나 배우고 성장하길 바라지만, 동시에 상대에게 인정받고 싶은 마음도 갖고 있어요. 그래서 원하지 않는 피드백은 더 깊은 상처처럼 다가오곤 하죠. 그야말로 피드백은 모두에게 불편한 대화일 수밖에 없습니다. 그래서 사람들은 상대의 기분을 상하지 않게 하려고 말을 너무 돌려서 합니다. 그러면 상대가 알아듣지 못하게 돼요. 또 '이 정도는 알아서 하겠지' 하고 기대하면서 대화를 빨리 마무리하고 싶어 합니다. 매일 얼굴 보는 사이에 분위기가 심각해지는 게 싫어서 "잘하자!", "실수하지 말자!" 같은 응원으로 좋게 마무리하려는 경우도 많아요.

그러나 진정한 피드백은 문제를 다시 반복하지 않도록 확실하게 마무리하는 것입니다. 문제 해결을 위한 피드백은 원래 불편한 대화입니다. 불편한 대화를 억지로 편하게 만들려고 하지 마세요. 불편함을 인정하고 담담하게 해결책을 논의하는 것이 가장 효과적인 접근법이에요. 관계에서 긍정적인 분위기는 경청하고 공감하며 격려할 때 쌓으면 됩니다. 앞으로는 피드백으로부터 도망 다니는 대신, 구체적인 대안과 실행 계획을 점검하면서 대화해 보세요.

A "앞으로는 파일명을 통일했으면 해요. 다 다르니까 구분이 어렵네요."

B "아, 네. 알겠습니다."

A **"다음에는 '팀명-제목-작성 날짜' 순으로 파일명을 작성해서 발송 부탁합니다."**

B **"네. '팀명-제목-작성 날짜' 순으로 파일명 변경하겠습니다."**

말씨 미세 교정

같은 피드백을 또 하고 싶지 않다면 지적하는 대신 대안을 요청하는 말씨를 사용한다.

21

다른 사람의 피드백을 성숙하게 받기

피드백 받을 때
“내가 언제 그랬어?”라고 말하지는 않나요?

내가 언제 그랬어?

내가 그럴 때가 있었지.

사람은 누구나 배우고 성장하길 바라지만, 동시에 상대에게 인정받고 싶은 마음도 갖고 있기 때문에 타인의 피드백을 달가워하지 않을 때가 많습니다. 따라서 피드백이 효과적이려면 피드백을 받는 사람의 '리액션'도 매우 중요하지요. 다음 대화를 통해, 나는 타인의 피드백에 어떻게 반응하는지 생각해 볼까요?

A "화가 나도 나한테 명령하듯이 말하지 않았으면 좋겠어."

B "내가 언제 너한테 명령을 했어?!"

A "지금처럼 기분이 나쁘면 후배 대하듯이 하잖아."

B "뭘 또 내가 후배 대하듯이 했냐? 너도 기분 나쁘면 달라지잖아~!"

A "아니, 내 말은…." (조금도 인정을 안 하니… 대화가 될 리가 없지.)

A는 B에게 화가 나도 명령하듯 말하지 말아 달라고 요청하고 있습니다. 그러나 B는 대화를 시작하자마자 "내가 언제?", "너도 그렇잖아" 식으로 답하고 있죠. 이러한 반응을 심리학에서는 '방어하기'라고 합니다. 피드백의 내용을 살펴보기도 전에 관계를 차단하는 방식으로 자신을 보호하는 것이죠.

관계와 대화 연구의 세계적인 권위자 존 가트먼John Gottman 박사는 부부 간에 일어나는 갈등과 이혼의 핵심 요인이 '부정적인 커뮤니케이션 방식'이라는 점을 밝혀냈습니다. 특히 대화의 독으로 비난, 경멸, 담쌓기와 함께 '방어하기'를 꼽았는데요, 이 중에서도 자신의 책임을 인정하지 않고 변명하거나 부정하는 방어하기는, 대화를 단절시키고 관계를 망치는 대표적인 방식이라고 설명합니다. 그러면서 그는 방어하기의 대안으로 '약간 인정하기'를 제안합니다. 갈등 상황에서, 자신의 책임을 전혀 인정하지 않으려 하기보다는, 부분적으로라도 인정하며 긍정적인 대화를 이어 나가는 대화 방식이죠.

방어하기: 자신을 보호하기 위해 상대를 밀쳐 내고 대화를 단절시킵니다.

타인의 피드백을 받을 때는 즉시 감정적으로 반응하지 말고 '약간 인정하는 말씨'로 시작해 보세요. "아닌데?", "내가 언제?", "네가 잘못 안 거 아니야?", "너는 안 그런 거 같아?"처럼 무조건 부인하며 외부로 화살을 돌리는 건 피해야 해요. 그런 식의 반응은 대화를 또 다른 감정 싸움으로 번지게 만들고, 결국, 주제는 본질에서 멀어지게 되거든요.

그 대신 "그럴 때도 있었지", "그런 면이 있기도 하지" 하는 식으로 '약간이라도 인정하는 말씨'를 사용하는 겁니다. '요즘', '오늘', '좀', '때론' 같은 단어를 활용해 약간이라도 인정하는 것이 중요합니다. 이런 방식은 피드백을 완전히 거부하지 않으면서도, 자신이 받아들이기 어려운 부분에 대해서는 상대와 부드럽게 논의할 여지를 남길 수 있으니까요.

'약간 인정하는 말씨' 연습

- ✔ 내가 요즘 그럴 때가 있었지.
- ✔ 나에게 좀 그런 면이 있기도 하지.
- ✔ 내게 그런 부분이 있는지 생각해 볼게.

'상대가 한 피드백이 전혀 말이 안 될 때도 약간 동의해야 하나?'라는 의문이 들 수도 있습니다. 그럴 때는 "언제 그렇게 느꼈는지 더 말해 줘"와 같은 요청이나 '질문하는 말씨'로 대화를 이어 가는 것이 좋습니다. 상대의 피드백이 실제로 무엇을 의미하는지 구체적으로 설명해 달라고 부탁하는 것이죠. 피드백을 하는 사람은 대개 자신이 관찰한 내용을 있는 그대로 전달하기보다는, 자신의 주관적인 관점에서 해석하여 말하는 경우가 많기 때문입니다. 따라서 정확한 뜻을 이해하려면 상대의 말을 더 깊이 탐색할 필요가 있습니다.

예를 들어 "오늘 대화할 때 두 번 정도 내 말을 끊고 목소리를 높였어"라고 말하지 않고, "왜 나한테 명령하듯 말해?"라고 하니까 피드백을 받는 입장에서 동의하기가 어려워지는 거예요. 왜냐하면 실제로는 명령하려는 의도가 없었을 수도 있으니까요. 이렇게 되면 진짜 원인을 찾지 못한 채, 오해가 쌓이고 감정이 격해져 갈등 해결이 어려워집니다. 따라서 방어하기보다는 '더 알아보자'는 열린 마인드로 접근하는 것이 좋아요. 이 과정에서, 다른 사람은 알고 있었지만 나는 미처 인식하지 못했던 블라인드 영역을 발견할 수도 있습니다.

"좋은 피드백보다는 나쁜 피드백을 신경 쓰고, 그와 같은 피드백을 친구들에게 받을 수 있도록 노력해라. 그게 성공 비결의 전부다." 일론 머스크Elon Musk가 한 말이죠. 피드백을 받는 것은 때때로 속상하고 불쾌할 수 있습니다. 그러나 피드백 속에는 성장의 기회와 관계를 더욱 건설적으로 변화시킬 가능성도 담겨 있습니다. 그러니 무조건 밀어내지 말고 더 알아보세요. 상대가 진짜 말하고 싶었던 내용을 확인하고 나서, 내가 취할 것은 취하고, 버릴 것은 버리는 지혜를 발휘하면 좋겠습니다.

A "화가 나도 나한테 명령하듯이 말하지 않았으면 좋겠어."

B **"명령한다고 느껴졌어?"**

A "지금처럼 기분이 나쁘면 후배 대하듯이 하잖아."

B **"화가 나면 내가 그럴 때가 있었지. 지금은 그렇지 않아. 주의할게!"**

A "고마워. 늘 그렇다는 것은 아니고…."

말씨 미세 교정

피드백을 받을 때 "내가 언제?"라고 방어하기보다 약간 인정하는 말씨를 사용한다.

22

잘한 점과 아쉬운 점을 대등하게 이어 말하기

칭찬과 피드백을 이어서

"좋더라, 그런데~"라고 말하지는 않나요?

한 끗 차이인데도 참 다르게 느껴지는 말들이 있습니다. 특히 문장 사이에 들어가는 '접속부사'가 그렇습니다. 다음 대화를 통해 무엇이 그 차이를 만들어 내는지 생각해 볼까요?

A "이번 포스터 아이디어 좋던데요. 그런데 문구가 좀 올드한 것 같아요."

B "… 문구가요?"

A "네. 임팩트가 없어서…."

B "다시 준비해 볼게요." (잘한 건 하나도 없는 건가….)

A "… 네." (칭찬했으니까 기분 나빠하지 않겠지?)

A는 B가 작업한 결과물에 대해 피드백하고 있습니다. 아이디어는 좋다고 했지만 문구가 올드하다고 지적했어요. 그러자 B의 반응을 보세요. 칭찬을 받은 것보다 부족한 점에 더 민감하게 반응하고 있죠.

우리 뇌는 칭찬보다 비난과 비판에 더 강하게 반응하도록 진화했습니다. 그래야 생존에 유리했기 때문이죠. 뇌의 작용을 보면 부정적 피드백은 본능적으로 위협으로 인식합니다. 이는 공포와 공격성과 같은 감정을 조절하는 편도체가 활성화되기 때문이죠. 따라서 위의 대화처럼 잘한 점과 아쉬운 점을 함께 이야기할 때, 칭찬을 더 강조하거나 최소한 부정적 피드백과 동등한 비중으로 전달하지 않으면, 상대방은 칭찬을 거의 인식하지 못하고 부정적인 피드백에만 집중하게 되죠. 특히 '그런데'와 같은 반전의 접속부사를 사용하면 앞서 말한 칭찬은 희미해지고, 뒤이어 나오는 부정적인 피드백만 강하게 남게 됩니다. 반면 말한 사람은 칭찬을 했다고 생각할 테니, 동상이몽의 대화가 되어 버립니다.

반전하기: 앞의 말과 반대되는 방향으로 대화를 전환하면,
상대는 부정적 메시지에만 집중하게 됩니다.

피드백을 할 때는 좋은 점과 아쉬운 점을 함께 다루는 경우가 많은데요, 이럴 때는 '그리고 더 말씨'를 사용하는 것이 좋습니다. 즉, 칭찬과 피드백을 '그런데'라는 반전 혹은 대치의 관점에서 바라보는 것이 아니라, 상대방의 성장을 위한 대등한 요소로 보는 겁니다. 그래서 성격이 다른 두 문장을 '그리고'라는 접속부사로 자연스럽게 연결하는 거죠. 접속부사 '그리고'는 앞뒤 문장을 병렬적으로 대등하게 이어 주기 때문에 긍정적인 피드백과 개선점을 균형 있게 전달할 수 있습니다. 또한 "더 좋겠어요"라고 문장을 마무리하면 상대의 발전 가능성과 기대감을 강조할 수 있어 효과적이죠.

예를 들어 앞의 대화에서는 "그런데 문구가 좀 올드해요"라고 말하는 대신 "아이디어가 새로워서 좋더라고요. 그리고 문구도 맞춰서 바꾸면 더 좋겠어요"라고 말하는 것이 도움이 됩니다. 이렇게 하면 말하는 사람도 덜 부담스럽고, 듣는 사람도 긍정적인 칭찬을 충분히 인식할 수 있습니다.

'그리고 더 말씨' 연습

- ✔ 잘했어. 그래서 ~하면 더 좋겠어.
- ✔ 좋더라. 그리고 ~하면 더 좋겠어.
- ✔ 수고했어. 그리고 ~하기를 더 기대해.

〈하버드 비즈니스 리뷰〉에 실린 '피드백에 멍들다'에서는 상대방의 결점과 약점에 초점을 맞춘 피드백은 오히려 학습 효과를 저해할 수 있다고 설명합니다. 부족한 점을 지적하는 피드백은 상대를 위축시키거나 자발적 동기를 떨어트리는 반면, 이미 잘하고 있는 부분을 강조하며 더 발전할 수 있도록 독려하는 피드백은 학습 효과를 높이는 데 도움이 됩니다.

예를 들어 "당신은 일하는 속도가 참 빨라, 그런데 중요한 것을 놓쳐"라는 말과 "당신은 일하는 속도가 참 빨라. 그리고 중요한 것을 확인할 때 꼼꼼하게 챙기면 더 좋겠어"라는 말을 비교해 보면 차이가 분명합니다. 첫 번째 문장은 부족한 점을 지적하며 상대를 방어적으로 만들 수 있지만, 두 번째 문장은 상대가 잘하는 점을 인정하면서도 성장할 기회를 열어 둡니다.

이 '그리고 더 말씨'를 자기 자신에게도 적용해 보세요. 지금까지는 "나는 분석력이 뛰어나. 그런데 사교성이 부족해서 문제야"라고 말했다면, 앞으로는 "나는 분석력이 뛰어나지. 그리고 사교성을 발휘할 방법을 찾으면 더 도움이 될 거야"라고 말해 보는 거예요. 같은 내용이라도 한 끗 차이로 피드백이 평가처럼 느껴질 수도 있고, 함께 성장하는 과정처럼 느껴질 수도 있습니다.

A “이번 포스터 아이디어 새로워서 좋더라고요. **그리고 문구도 그 분위기에 맞춰서 바꾸면 더 좋겠어요.**”

B “그죠~ 문장을 더 엣지 있게 가면 좋겠죠?”

A “네. **그럼 그림이 확실히 눈에 띌 것 같아요.**”

B “네! 제가 몇 가지 더 준비해 볼게요.” (더 잘해 내고 싶다!)

A “네. 고마워요!”

말씨 미세 교정

칭찬과 피드백을 이어 말할 때는 '그런데' 대신 그리고 더 말씨를 사용한다.

23

불편한 감정을 피하지 않고 담담하게 다루기

서운해하는 사람에게

"서운하게 듣지 마"라고 말하지는 않나요?

너무 서운하게 듣지 마.

**서운했을 것 같아.
나도 아쉽네.**

누구나 불편한 감정을 오래 경험하고 싶지 않습니다. 그래서 버럭 화를 내서 감정을 분출해 버리거나, 괜찮은 척 피하려고 하지요. 특히 피드백을 주고받을 때는 말하는 사람도 듣는 사람도 불편함을 느낄 수 있는데요, 이때 감정을 어떻게 다루는 것이 자연스러울지 다음의 대화를 통해서 방법을 찾아볼까요?

A "이런 말 하게 되어 나도 좀 그런데… **너무 서운하게 듣지 마.**"

B "네…."

A **"다 잘해 보자고 하는 말이잖아."**

B "알겠습니다." (서운해하지 말라는 말이 더 서운해….)

A "휴…." (아… 불편하다.)

A는 피드백을 받는 B의 마음이 상할까 봐 염려스러워 "너무 서운하게 듣지 마"라고 말합니다. 자신의 불편한 감정도 참으면서 드러내지 않으려고 노력하고 있어요. 하지만 이 표현은 오히려 B가 느낄 서운한 감정을 모른 척하는 것처럼 들릴 수 있습니다. 결국 서로의 속마음을 알지 못한 채 아쉬운 대화로 끝나게 되죠. B는 겉으로는 "알겠습니다"라고 말했지

만 속으로는 '선배 같으면 안 서운하겠어요?', '서운하지 말라는 말이 더 서운해요'라고 생각하고 있습니다. 하지만 이런 생각을 상대에게 제대로 표현하기는 쉽지 않죠.

이처럼 불편한 감정을 느낄 때 가장 많이 사용하는 방법은 '억누르기'입니다. 감정이 일어나도 드러나지 않도록 억압하는 거죠. 그러나 실재하는 감정을 모른 척하면 대화의 목표였던 건설적인 피드백이 제대로 이루어질 수 없어요. 오히려 상대를 아끼는 진심과 존중을 전하기 어려워집니다. 존중은 상대가 느끼는 감정이나 욕구를 무시하지 않는 것에서부터 시작되니까요. 게다가 불편한 감정은 참는다고 사라지지 않습니다. 억누를수록 반작용을 일으켜 더 강해지고 오래 지속될 수 있어요.

억누르기: 감정을 참으면 감정 교류가 어려워지고,
대화의 진정성이 흐려집니다.

흰곰 효과White bear Effect라고 들어 보셨나요? '곰을 생각하지 말라'고 하면 오히려 더 생각나는 현상으로 잘 알려져 있죠. 하지 말라고 하면 더 하고 싶어지고, 금지하거나 막으면 불만이 더 커지는 심리적 현상으로, 감정도 같은 원리로 작용합니다. '서운하게 생각하지 마'라는 말을 들으면, 오히려 더 서운해지고 참았던 감정이 더 오래 지속될 수 있는 거죠.

피드백을 할 때 오가는 불편한 감정은 '감정을 존중하는 말씨'를 사용해서 조절하는 것이 좋아요. 대화에서 오가는 감정을 자연스럽게 받아들이고 진솔하게 표현하면서 부정하지 않는 겁니다. 앞의 대화에서 피드백을 하는 A는 아쉽고, 걱정되고, 조심스러울 겁니다. 그럴 때는 그 감

정을 억압하지 말고 "나도 조심스럽네. 네가 많이 속상해할까 봐 걱정되고"라고 표현하면 좋습니다. 이렇게 하면 상대도 '이 사람이 내 감정을 이해하려고 하는구나' 하고 받아들일 수 있죠. 이것은 "다 까놓고 솔직하게 말할게" 하는 태도와는 다릅니다. 감정을 솔직하게 드러낸다는 것은 자기 감정을 다 쏟아내서 상대를 공격하려는 것이 아니에요. 나와 상대가 느끼는 핵심 감정들을 상태 정보로 공유하고, 이를 바탕으로 '우리가 진짜 원하는 것은 무엇인가'를 알아보기 위한 과정입니다. 이런 대화에는 상대의 감정을 인정하고 존중하는 태도가 담겨 있어야 하죠.

'감정을 존중하는 말씨' 연습

- ✔ **서운하지? 나도 아쉬워.**
- ✔ **불편할 수 있어. 나도 편하지 않네.**
- ✔ **속상할 것 같아. 나도 조심스럽거든.**

이렇게 말하면 상대방도 자신의 감정을 더 자연스럽게 표현할 수 있습니다. "서운해하지 마"가 아니라 "서운했을 것 같아. 답답하기도 하고"라고 인정했더라면 B 역시 자신의 감정을 솔직하게 표현하며 대화를 이어 갈 수 있었을 겁니다. 그때부터 진짜 서로 연결되는 대화가 시작되는 거죠.

우리는 대화에서 감정을 드러내기 어려워합니다. 특히, 부정적인 감정을 표현하는 것이 미숙한 행동처럼 보이거나 약자로 보일까 걱정하는 경우가 많아요. 하지만 감정은 현재 나의 상태를 알려 주는 중요한 데이터입니다. 감정을 인식하고 정보로 활용할 때 비로소 말과 마음이 일치하는 진정성 있는 대화가 가능해집니다.

A **"이런 말 하는 게 나도 조심스러워. 너도 들으면서 서운했을 것 같아."**

B "네…. 좀 서운하긴 하네요."

A "그렇지. 네가 열심히 했잖아."

B "감사합니다."

A **"서로 노력했는데 결과가 참 아쉽네. 같이 방법을 찾아보자."**

말씨 미세 교정

피드백을 할 때, 불편한 감정을 피하려고만 하지 말고 감정을 존중하는 말씨를 사용한다.

24

비난하지 않고 나의 욕구와 기대 알리기

내 마음에 들지 않을 때
"넌 항상 그게 문제야"라고 말하지는 않나요?

넌 항상 그게 문제야.

나는 더 잘해 내고 싶어.

비난과 경멸은 관계를 망치는 독과 같아요. 그럼에도 불구하고 우리는 종종 그런 말을 내뱉게 되는데, 그 이유는 무엇일까요? 다음 대화를 통해 원하는 결과를 얻지 못했을 때 서로의 마음이 다치게 하지 않으면서도 안전하게 대화하는 방법이 무엇인지 알아볼까요?

A "그냥 이 정도까지만 하면 될 것 같아."

B **"넌 항상 그게 문제야. 맨날 대충대충!"**

A (기분 나빠….) "내가 또 언제 항상 대충 했다고 그래?!"

B "됐어! 그만하자!"

A "너는 늘 그런 식으로 말하더라."

B는 A가 끝까지 노력하지 않고 중간에 그만두려는 모습을 보고 아쉬워합니다. 이와 관련된 피드백을 이미 몇 차례 해 본 듯한데, 이번에도 A가 비슷한 모습을 보이자 B는 결국 비난하는 방식으로 자신의 감정을 표현하고 말았습니다. 이에 A는 방어적으로 반응하며 맞서고, 결국 두 사람의 대화는 감정싸움으로 번져 버렸습니다.

'너는 항상~', '너는 왜 꼭~', '당신은 도대체' 식의 말은 비난으로 들릴 수 있습니다. 이런 말들은 '내가 문제가 아니라, 너에게 문제가 있다'라는 전제를 담고 있기 때문이죠. 사람은 비난을 받으면 무의식적으로 투쟁 회피 반응Fight-or-Flight Response을 취하게 됩니다. 상대에게 공격적으로 반응하거나 대화를 끊고 도망치려고 하죠. 결국 비난은 말하는 사람도 말하고 싶었던 핵심을 제대로 전하지 못하게 하고, 듣는 사람 역시 필요한 피드백을 받아들이기 어려운 상태로 만듭니다. 이렇게 되면 대화의 본질이나 목적에서 멀어지고, 갈등과 대치 상황만 남게 되는 거죠.

비난하기: 상대를 문제의 원인으로 지목함으로써 또 다른 방어와 공격을 불러옵니다.

우리는 이미 피드백이 불편한 대화일 수밖에 없다는 점을 배웠지요? 그렇기에 이 불편함을 최소화하기 위해서는 상대를 비난하지 않으면서도 원하는 것을 명확하게 요청하는 대화 기술을 익히는 것이 중요합니다. 비난이 섞인 대화는 상대에게 상처를 남길 뿐만 아니라, 관계를 회복하기 어렵게 만들어요. 감정적으로 불편해질 때일수록 '싫어요와 좋겠어요 말씨'를 사용하는 능력이 필요합니다.

비난하는 말은 대부분 '너', '당신' 같은 주어를 사용하며 시작합니다. 이런 말은 상대를 탓하는 것처럼 들리기 쉽죠. 하지만 우리가 화가 난다는 것은 내가 가진 욕구(내가 원하는 것)와 기대(상대에게 바라는 것)가 충족되지 않아서 좌절감을 느낀다는 뜻입니다. 따라서 상대를 비난하기보다 나의 욕구와 기대를 인식하고, 그것을 중심으로 표현하는 것이 중요해요. 이때 '나는 ~하고 싶어요(욕구)', '나는 네가 ~하면 좋겠어요(기대)'

의 구조로 말을 하면 훨씬 안전하게 대화할 수 있습니다. 또한 '너'라는 표현 대신 '우리'라는 주어를 사용하면 덜 공격적으로 말할 수 있어요.

'싫어요와 좋겠어요 말씨' 연습

- ✔ **다른 시도를 해 보고 싶어. 네가 동의해 주면 좋겠어.**
- ✔ **후회 없이 해내고 싶어. 우리가 할 수 있는 최선을 다했으면 좋겠어.**
- ✔ **남들과 다르게 하고 싶어. 네가 응원해 주면 좋겠어.**

사람은 원하는 대로 일이 풀리지 않을 때 그 원인을 외부에서 찾으려 합니다. 이것이 자신을 보호하는 가장 빠른 방법이니까요. 따라서 자신의 감정을 정확하게 인식하지 못한 채, 감정적인 상태에서 대화를 시작하면 자연스럽게 상대를 탓하는 말씨를 사용하게 됩니다. 이런 상황에서는 먼저 '나'에게 주의attention를 돌리는 것이 중요해요. 즉, 대화를 시작하기 전에 '내가 원하는 게 뭐지?', '내가 상대에게 기대했던 것은 뭘까?'를 먼저 생각해 보세요. 그리고 바로 그것을 첫 문장으로 표현해 보는 거예요. 그래야 감정적으로 상대를 공격하지 않으면서, 대화를 생산적으로 이끌어 갈 수 있습니다.

《비폭력 대화》를 쓴 마셜 로젠버그Marshall B. Rosenburg는 "다른 사람에 대한 비판은 충족되지 않은 자기 욕구의 비극적 표현"이라고 말했어요. 즉, 우리는 자신의 불안과 걱정을 감당하지 못할 때 그것을 상대에게 투사하여 비난하는 경우가 많습니다. 그러나 다른 사람을 비난하는 행동은 그만큼 자신의 마음이 약하고 깨지기 쉬운 상태라는 것을 의미해요. 괜찮은 척하면서 화를 외부에 쏟아내는 대신 잠시 멈춰서 나의 욕구가 무엇인지 먼저 살펴보세요.

A "그냥 이 정도까지만 하면 될 것 같아."

B **"우리 조금만 더 해 보자."**

A "됐어. 별로 티도 안 나."

B **"나는 저번보다 더 잘해 내고 싶어. 네가 도와줬으면 좋겠어."**

A "그래? 어떻게 하고 싶은데?"

상대가 원하지 않는 행동을 할 때는 비난 대신 싫어요와 좋겠어요 말씨를 사용한다.

피드백의 말씨로 불편한 대화를 담담하고 확실하게 마무리해 보세요!

피드백 없이는 성장과 변화가 어렵습니다. 피드백은 하는 사람에게도 받는 사람에게도 용기가 필요한 일이죠.

넷플릭스는 피드백을 조직 문화의 핵심으로 삼고, 네 가지 피드백 원칙(4A)을 강조합니다. 첫 번째는 도움에 집중Aim to Assist으로, 피드백은 상대에게 도움을 주려는 의도에서 시작되어야 한다는 거예요. 그래서 지적이나 비난의 말을 사용하지 않도록 주의해야 하죠. 두 번째는 행동 기반Actionable으로, 실질적인 조치를 포함해야 한다는 원칙이에요. 즉, 구체적이고 실행 가능한 조언으로 구성해야 합니다. 세 번째는 감사하기Appreciate로, 피드백을 제공하는 것도 쉬운 일이 아니기 때문에 피드백을 받은 사람은 피드백을 해 준 상대의 노력과 용기를 인정하며 감사의 태도를 보여야 하지요. 마지막은 수용 여부 표현하기Accept or Discard로, 피드백을 받으면 수용할지, 거절할지 명확하게 표현하는 것입니다. 수용하지 않는다면 이유를 설명하고, 대안을 제시해야 하죠.

피드백은 서로의 노력이 필요한 과정입니다. 피드백을 하는 사람도 요령과 예의가 필요하고, 받는 사람에게도 성숙한 태도가 요구되지요. 피드백의 말씨를 연습해 보세요. 친구, 가족, 직장 동료끼리 피드백이 오갈 때 지적하기보다는 **'대안을 요청하는 말씨'**를 사용해 보는 겁니다. 희미하게 말을 마무리하지 말고, 내가 무엇을 원하는지 콕! 짚어 알려주는 거죠. 또 피드백을 받을 때는 방어하기보다 **'약간 인정하는 말씨'**로 받아들여 보세요. 완전히 동의하지 않더라도 상대가 어떤 의도로 피드백을 하고 있는지 먼저 파악해 볼 필요가 있어요. 잘한 점과 아쉬운 점을 이어 말할 때 '그러나'라는 말로 반전시키기보다 **'그리고 더 말씨'**를 사용한다면 칭찬은 칭찬대로 전달되면서도, 일의 성과를 더욱 높이고자 하는 마음이 온전히 전해질 수 있어요.

피드백 과정에서는 마음이 상할 수도 있습니다. 그러나 불편한 감정을 감추기보다 서로 인정하고 솔직하게 표현해 보세요. **'감정을 존중하는 말씨'**란 상대의 감정을 부정하거나 무시하지 않는 태도를 의미합니다. 또한 화가 난다고 해서 비난의 말이 튀어나오지 않도록 미리 대체할 표현을 준비해 두세요. **'싫어요와 좋겠어요 말씨'**로 불편한 상대에게 초점을 맞추지 말고, 나 자신의 욕구와 기대에 집중하여 이를 명확하게 전달해 보세요.

피드백을 미루거나 지나치게 돌려 말해 제대로 전달되지 않으면 결국 속만 태우게 됩니다. 이런 상황이 반복되면 장기적으로 업무와 관계 모두에 부담이 커질 수밖에 없어요. 건강한 관계를 유지하려면 필요한 피드백을 회피하지 않는 것이 중요해요. 피드백은 한순간의 기술이 아니라, 조금씩, 그러나 꾸준하게 실력과 용기를 키워 가야 하는 과정입니다.

6부

냉담해지지 말고 원활하게 해결의 말씨

25

옳다고 우기지 말고 문제 해결로 나아가기

했다, 안 했다 의견이 다를 때
"아니야! 맞다니까!"라고 말하지는 않나요?

주변에 고집스럽게 우기는 사람들이 있지요? 함께 해결책을 찾기보다 "내 말이 맞다니까!" 하면서 대화를 밀어붙이는 사람들 말이에요. 만약 아래와 같은 대화 상황에 놓인다면 어떻게 다르게 말할 수 있을지 생각해 볼까요?

A "내가 메일 보냈는데?"

B "안 왔다니까!"

A **"아니야. 분명히 보냈어! 네가 못 본 거 아냐?"**

B "휴… 안 왔다고!" (왜 이렇게 우겨?)

A "확실해?" (확실하지도 않으면서 왜 저래?)

A는 메일을 보냈다고 주장하지만, B는 받지 못했다고 합니다. 처음에는 가벼운 대화처럼 보이지만, 점점 감정적으로 반응하고 있네요. 서로 자기 말이 맞다고 우기며 팩트 따지기에 몰입한 나머지, 대화의 초점이 변질되고 있는 것도 알아차리지 못하고 있습니다.

이처럼 팩트 논쟁에 쉽게 빠지는 사람들이 있습니다. 바로 우기는 사람들이죠. "분명히 보냈어!", "아니야, 맞을 텐데" 하면서 아직은 확인이 필요해 보이는 정보를 사실처럼 말하거나, "네가 잘못 본 거겠지", "네 말은 항상 맞냐?" 같은 말로 상대방을 몰아세우기도 하지요. 이런 말을 들으면 상대도 발끈해서 "안 왔다고!", "아니라니까!"라고 반박하며 감정적으로 맞서게 됩니다. 그러나 이런 팩트 따지기는 결국 서로의 감정만 상하게 하고, 문제 해결이라는 대화의 본질을 놓치게 합니다.

팩트 따지기: 서로 옳고 그름을 따지다
본질적인 문제 해결을 놓치게 합니다.

이럴 때는 '먼저 확인해 봅시다 말씨'를 사용하면 무의미한 논쟁의 무한 루프에서 빠져나올 수 있습니다. 팩트 따지기의 함정에 빠졌음을 인지하고, 대화가 더 진행되지 않도록 해결책에 집중하는 방식이지요.

예를 들어 위의 대화에서 "왜 이렇게 우겨?"라고 생각하며 "안 왔다고!"라고 맞받아치는 대신, 누군가 한 사람이 "먼저 확인해 보자", "그럼 확인해 보고 다시 이야기하자"라고 말했다면, 불필요한 논쟁에도 출구가 생겼을 것입니다.

'먼저 확인해 봅시다 말씨' 연습

- ✔ 먼저 확인해 보자.
- ✔ 다시 체크해 보고 얘기하는 거 어때?
- ✔ 서로 기억이 다르니까, 다시 정하자.

잘 우기는 사람들은 대화를 협력이나 파트너십의 과정으로 보기보다, 승패를 가리는 대결 구도로 생각하는 경향이 있습니다. 이들은 대화에서 승자가 되기를 원하기 때문에, 자신이 틀렸을 가능성은 거의 고려하지 않아요. 그래서 "내가 잘못 알았네"라고 말하는 것을 창피해하거나 패배로 받아들이죠. 심지어 자신이 틀렸다는 사실이 나중에 밝혀져도, 이를 쉽게 인정하거나 사과하지 못합니다. "내가 확인할 때는 분명 안 왔었는데!"라며 끝까지 모른 척하거나, "보냈으면 말 좀 해 주지!"라고 책임을 회피하기도 하지요.

따라서 우기는 사람과 대화할 때는 끝까지 시시비비를 가리는 것보다, 대화의 방향을 전환하는 것이 효과적입니다. 말로 옳고 그름을 따지기보다 직접 확인하거나, 새롭게 룰을 다시 정하는 것이죠. 이를 위해 대화할 때는 사실이나 내용뿐만 아니라, 대화가 어디로 흘러가고 있는지 흐름을 읽는 것도 중요합니다. 대화할 때 우리가 주의 깊게 살펴야 할 요소는 세 가지예요. 바로 '나'와 '상대', 그리고 '상황'이라는 조건입니다. 나 자신을 인식하지 못하면 상대방에게 휘둘리기 쉽습니다. 그리고 상대를 헤아리지 않으면 공감을 얻기 어렵습니다. 나와 상대가 무엇보다 중요하지만 상황을 고려하지 않으면, 논리나 사실에만 집착하게 되어 대화의 맥락을 놓치게 되지요.

팩트 폭격을 하거나 팩트 따지기를 좋아하는 사람들이 이 유형에 속합니다. 이들은 자신이 옳다는 데만 몰두한 나머지, 대화의 주체인 나와 상대방, 그리고 대화의 전체 흐름을 놓치고 맙니다. 앞으로 누군가와 대화할 때 의식적으로 나와 상대, 그리고 상황을 함께 바라보려고 노력해 보세요. 그러기 위해서는 무엇보다 자신과 상대를 신뢰하면서도, 동시에 대화의 목표와 본질을 놓치지 않는 태도가 필요합니다.

A “내가 보냈는데?”

B “안 왔는데?”

A “아니야. 분명히 보냈어! 네가 못 본 거 아냐?”

B “그럼, 서로 기억이 다르니까 먼저 확인해 보자.”

A “그럴까?”

말씨 미세 교정

상대가 우길 때는 함께 팩트 따지기에 빠지지 말고 먼저 확인해 봅시다 말씨를 사용한다.

26

책임을 떠넘기지 않고 협력적 태도 유지하기

일에 실수가 발생했을 때
"왜 말을 안 해 줬어!"라고 말하지는 않나요?

저한테
연락을 주셨어야죠.

확인해 볼 걸 그랬네요.

가장 일하기 싫은 동료 유형을 묻는 질문에 '책임 회피형'이 1위를 차지한 설문조사 결과를 본 적이 있습니다. 일을 하다 문제가 생기거나 결과가 기대에 미치지 못할 때 협력보다는 잘잘못을 따지는 데 급급한 사람들이 있어요. 다음 대화를 통해 A의 말이 어떤 부정적 영향을 불러일으키는지 생각해 볼까요?

A "왜 자료를 안 보내 주셨어요?"

B "어! 미리 보내 드렸는데요. 메일로."

A "아니, 그럼 따로 연락을 주셨어야죠. 저는 몰랐잖아요!"

B "…." (뭐야? 내 잘못이라는 거야?)

A는 B에게 "왜 자료를 안 보내 주셨어요?"라고 따지듯 묻습니다. B는 그 말이 다소 공격적으로 느껴졌지만, 속으로 참으며 자료를 메일로 보냈다고 답하죠. 그러자 A는 "그럼 따로 연락을 주셨어야죠"라며 B를 계속 탓하듯 말합니다. B는 A가 마치 자신에게 모든 잘못을 돌리는 것 같아 당황스럽고 불쾌해집니다.

이때 탓하기는 자신의 책임을 회피하는 태도입니다. 문제의 원인을 다른 사람에게 돌리며 해결을 미루는 것이죠. 심리학에서는 이를 미성숙한 대처 방식 중 하나로 보며, 자신의 불안정함을 인정하지 못하고 타인에게 문제의 원인을 전가하는 심리적 전략이라고 설명합니다. 이는 투사projection라는 방어기제의 일종으로, 자신의 불안감이나 책임을 상대에게 떠넘기며 심리적 안정을 찾으려는 방식입니다.

특히 완벽주의 성향이 강하거나, 모든 일을 잘해야 한다는 압박감이 큰 사람일수록 남을 비난하는 것이 마음 편하게 느껴질 수 있습니다. 그러나 '나는 문제없어', '저 사람이 제대로 했더라면 이런 일이 생기지 않았을 거야'라는 식의 태도는 '언 발에 오줌 누기'와 같습니다. 급한 마음에 내놓은 처방이 오히려 상황을 더 악화시키기 때문이죠. 문제의 원인을 타인에게 돌리면 일시적으로 부담에서 벗어날 수는 있지만, 이는 곧 '나는 신뢰하기 어려운 파트너다'라고 인정하는 것과 다름없습니다. 그러다 보면 시간이 지날수록 협업을 꺼려지는 사람이 되고, 결국 관계도 성과도 잃게 됩니다.

남탓하기: 불편함을 피하기 위해 문제의 원인을 타인에게 돌려 협력을 방해합니다.

협력적인 태도를 유지하는 사람은 같은 상황에서도 '~할 걸 그랬어요 말씨'를 사용합니다. 서로의 부족했던 점을 인정하면서도 아쉬움을 표현하기 위해 "저도 한 번 더 확인할 걸 그랬네요", "우리가 서로 연락을 할 걸 그랬어요"라고 말하는 것이죠. 이 표현은 잘못을 시인한다기보다는 파트너로서 일의 성과를 내기 위해 공동의 책임을 지려는 태도를 보여 줍니다. 또한 개인의 책임을 인정하면서도 상대방을 탓하지 않기 때문에 대화의 긴장감을 완화하고, 협력적인 분위기를 조성하며, 문제 해결에 집중할 수 있도록 돕습니다. 나아가 상대방에게 존중받고 있다는 느낌을 주어 신뢰를 쌓는 데도 효과적입니다.

'~할 걸 그랬어요 말씨' 연습

- ✔ 미리 여쭈어 볼 걸 그랬네요.
- ✔ 저희도 연락을 드려 볼 걸 그랬어요.
- ✔ 서로 한 번 더 확인할 걸 그랬어요.

앞에서 다룬 사례는 실제 저희 연구소 직원과 한 고객사 담당자 간의 대화였어요. 직원 B는 메일로 자세한 설명까지 덧붙여 자료를 보냈지만, 상대가 계속해서 자신을 탓하듯 말하자 당황해서 대화를 이어 가지 못했죠. 곁에서 듣고 있던 제가 "서로 한 번 더 확인할 걸 그랬네요"라고 말하며 상황을 넘겼습니다. 그 후 직원 B는 '협업 파트너로서 존중받지 못한 느낌이라 속상했다'고 털어놓더군요.

물론 일을 하다 보면 잘잘못을 가려야 하는 순간도 있습니다. 실수를 덮어쓰거나, 타인의 잘못까지 내가 감당할 필요는 없지요. 그러나 협업에서는 공동 책임을 인식하고 연대하는 태도가 훨씬 더 중요합니다. 결과에 대해 '우리'의 책임을 인정하고 함께 해결책을 모색하려고 노력할 때, 장기적으로 더 나은 관계와 성과를 만들어 낼 수 있으니까요. 이제부터라도 일과 관계를 바라볼 때 시시비비를 가리거나 남을 비난하기 전에 좀 더 멀리 보는 연습을 해 보세요. 당장의 결과가 아쉽더라도 '~할 걸 그랬어요 말씨'를 사용해, 상호 신뢰와 존중이 바탕이 된 팀십team ship을 발휘할 수 있기를 바랍니다.

A "자료를 저희한테 사전에 보내 주시면 미리 준비해 둘 수 있어요."

B "어? 미리 보내 드렸는데요. 메일로."

A **"그래요? 아쉽네요. 제가 한 번 더 확인해 볼 걸 그랬어요."**

B **"에고. 저희도 연락을 드려 볼 걸요."**

말씨 미세 교정

원하지 않은 결과라고 탓하는 대신, 책임을 다하는 ~할 걸 그랬네요 말씨를 사용한다.

27

안 된다고 답하기 전에 대안 찾아보기

다른 사람과 협업하면서 자꾸
"안 돼요"라고 말하지는 않나요?

버릇처럼 "안 돼요", "못 해요", "어려워요"라고 말하는 사람과는 협업하고 싶지 않습니다. 게다가 이런 부정적인 말은 전염성이 강해 팀의 사기를 떨어뜨리고 협력을 방해할 수도 있죠. 다음 대화에서 B가 어떻게 다르게 말하면 좋았을지 생각해 볼까요?

A "이 보고서 오늘까지 작성해 주세요."

B "**아! 안 되는데요.** 아직 협조 요청한 자료가 오지 않아서요."

A "자료는 언제쯤 오는데요?"

B **"수요일이니까, 그전까지는 작업이 어렵죠."**

A "그럼 언제 가능한데요?" (일하기 싫은가? 저 사람은 왜 매번 안 된다는 거야?!)

A와 B는 업무 미팅 중입니다. A가 B에게 보고서를 작성해 달라고 부탁하자, B의 반응을 살펴보세요. "아! 안 되는데요", "그전까지는 어렵죠"와 같은 부정적인 표현이 연속해서 나옵니다. A는 대화가 이어질수록 힘이 빠지고 짜증이 나기 시작합니다.

물론 타인의 요청에 "할 수 없다"고 말해야 할 때도 있습니다. 그러지 않으면 경계 없이 너무 많은 일을 떠맡게 될 수도 있으니까요. 그러나 부정적인 표현을 습관적으로 사용하면, 협력에 소극적이고 부정적인 사람이라는 인상을 줄 수 있습니다. 파트너와 팀의 정서에도 부정적인 영향을 미치게 되고요.

부정형으로 답하기: "안 된다"는 말을 반복하면 협력에 소극적이고 부정적인 인상을 주게 됩니다.

사람의 감정은 전염됩니다. 좋은 감정도 나쁜 감정도요. 이때 감정 전염Emotional Contagion이란 사람들이 사회적 상호작용 중에 타인의 얼굴 표정, 목소리, 자세, 동작 등을 무의식적으로 모방하며 유사한 감정을 느끼는 현상을 의미합니다. 따라서 함께 일하는 사람이 지속적으로 부정적인 태도나 언어를 사용하면 팀 전체의 분위기 또한 부정적으로 변할 가능성이 높습니다. 펜실베이니아 대학교 교수 시절 바르세이드Sigal Barsade는 연구를 통해 팀원들의 감정이 바이러스처럼 퍼지며 함께 일하는 동료들에게 영향을 미친다는 사실을 확인했습니다. 특히 단 한 명이 "안 돼요"와 같은 부정적인 말을 반복해도, 집단 내 갈등이 심화될 수 있다는 연구 결과를 발표했지요. 바르세이드 교수는 이를 '물결 효과Ripple Effect'라고 정의했습니다. 이는 마치 호수에 던져진 작은 돌이 잔잔한 파문을 일으키며 널리 퍼지는 것처럼, 부정적인 감정도 주변으로 확산되어 그 영향이 커질 수 있음을 뜻합니다.

따라서 앞으로 다른 사람과 협업하거나 일을 요청받을 때, "안 된다"는 말부터 하기 전에 '~하면 가능해요 말씨'를 사용할 수 있는지 살펴보세요. 어떤 조건에서, 언제, 어떻게 가능할지 대안을 찾아 긍정적인 방향으로 답변하는 연습을 해 보는 것이죠. 예를 들어 앞의 대화의 경우라면 "안 되는데요"라고 말하는 대신 "자료가 오는 대로 시작할 수 있어요"라고 하는 것이 좋습니다. 또한 동료가 회의 지원을 요청했을 때 일정이 겹친다면, "안 될 것 같아요"라고 단순히 거절하는 것보다는 "회의 준비는 도울 수 있어요. 다만 2시에 미팅이 있어서요"라고 말하는 것이 낫습니다.

'~하면 가능해요 말씨' 연습

- ✔ 네, 미팅 후에 가능해요.
- ✔ 내일 출근하시면 확인할 수 있어요.
- ✔ 자료를 받으면 바로 시작할 수 있습니다.

사람을 많이 만나는 영업이나 서비스업 같은 직종에서 일하는 직원들 역시 대안을 찾는 긍정형 말씨를 연습하면 도움이 됩니다. 예를 들어 "여기서 담배 피우시면 안 돼요"라고 말하기보다는 "흡연은 지정된 흡연 구역에서 가능해요"라고 안내하거나, "현금은 사용하실 수 없어요" 대신 "카드 할부 결제는 가능해요"라고 표현하는 것이죠. 이렇게 고객들에게 직접적인 거절보다는 대안을 제시하는 방식으로 안내하도록 훈련합니다.

일상 대화에서도 우리는 자신의 반응을 선택할 수 있습니다. 예를 들어 "이 시간에는 안 될 거야"라고 말하는 사람이 있는 반면, "30분 후에 전화하면 확인할 수 있어"라고 말하는 사람도 있죠. 나 자신과의 대화에서도 마찬가지 아닐까요? "나는 그거 못 해"라고 단정 짓는 대신, "이걸 배우고 나면 해결할 수 있어"라고 할 수도 있습니다. "안 돼요"라고 말하는 것은 쉽지만, 대안을 찾아 "~하면 가능해요"라고 말하기 위해서는 문제 해결 능력뿐만 아니라 협력적인 태도, 낙관적인 사고방식, 그리고 센스 있는 말씨까지 필요해요. 결국 긍정적인 말씨란 단순히 말을 예쁘게 포장하는 것이 아니라, 한 개인이 가진 내면의 실력과 태도가 고스란히 드러나는 표현 방식입니다.

A "이 보고서 오늘까지 작성해 주세요."

B **"네. 협조 요청한 자료가 오는 대로 시작할 수 있어요."**

A "그게 언제쯤이죠?"

B "수요일까지니까, 금요일에 보고서 공유하겠습니다."

A "네. 부탁해요~" (이 사람은 일할 때 참 나이스해!)

말씨 미세 교정

너무 자주 "안 된다"라고 부정형으로 말하지 말고 ~하면 가능해요 말씨를 사용한다.

28

상황을 전달할 때 무겁지 않게 대화 시작하기

업무 상황을 전달할 때
"문제가 생겼어요!"라고 말하지는 않나요?

하… 문제가 생겼는데요.

한 가지만
확인하면 돼요.

비슷한 상황에서도 불안감을 조성하며 상대를 긴장시키는 사람이 있는 반면, 불필요한 부담은 덜어 주고 안정된 분위기로 말하는 사람이 있어요. 그 차이는 어디에서 생길까요? 다음 대화를 통해 A가 어떤 말하기 특징을 보이는지 생각해 볼까요?

A **"하… 문제가 생겼는데요?"**
B "왜요? 무슨 일이죠? 고객사에서 안 한대요?"
A "그건 아니고, 회의를 하자고 해서요…."
B "회의요?"
A **"네. 또 무슨 말을 하려고 그럴까요?"**
B "아…." (난 또 뭐라고…. 왜 저렇게 항상 심각해?)

"하… 문제가 생겼는데요?"라는 A의 말은 B를 긴장하게 만듭니다. 놀란 B는 "왜요? 무슨 일이죠?"라고 되묻지만, A의 설명을 듣자 "아…" 하고 안도의 한숨을 내쉽니다. 사안에 비해 불필요하게 긴장감이 높아진 대화처럼 보이네요.

혹시 페르시안 메신저 증후군Persian Messenger Syndrome이라고 들어 본

적 있나요? 고대 페르시아에서는 패전 소식을 전하는 전령을 처형하고, 승전 소식을 전하는 전령에게는 후한 대접을 해 주었다고 해요. 이 때문에 전령들은 좋은 소식만 전하고, 나쁜 소식은 숨기려 했죠. 하지만 전령은 단순한 메신저일 뿐, 전쟁을 일으킨 사람도, 패전의 원인도 아니에요. 그럼에도 메시지를 받는 사람은 종종 메시지와 메신저를 동일시하여 나쁜 정보를 흘리는 사람에게는 더욱 반감을 갖게 됩니다.

영어 속담에도 "메신저를 쏘지 마라!Don't shoot the messenger!"라는 표현이 있습니다. 나쁜 소식을 전하는 사람에게 괜한 화풀이를 하지 말라는 의미인데요. 이처럼 부정적인 분위기로 소식을 전하는 사람은 상대에게 나쁜 메신저라고 인식될 수 있습니다. 그 결과, 불편한 감정을 유발하는 존재로 기억될 수 있으니 대화를 할 때 유의해야 합니다.

나쁜 메신저 되기: 부정적이고 심각한 어조로 메시지를 전달하면, 메신저까지 불편한 감정을 유발하는 존재로 각인됩니다.

따라서 다른 사람에게 소식을 전할 때는 '긴장감을 낮추는 말씨'를 사용하는 것이 좋습니다. 이때 불필요하게 사안을 심각하게 만들지 않으면서, 상대가 부담을 덜 느끼도록 메시지를 전하는 것이 요령이에요. 우선 "나머지는 잘되고 있어요", "마무리 잘되었습니다" 같은 문장으로 상대가 안심할 수 있는 내용을 먼저 전달합니다(물론 이 메시지는 사실이어야 합니다). 그리고 "한 가지만 공유하자면", "한 가지 의사 결정이 남았어요" 등의 표현을 사용해 사안의 부담을 줄이고, 상대가 좀 더 편안하게 받아들일 수 있게 하는 거죠.

'긴장감을 낮추는 말씨' 연습

- ✔ 나머지는 잘되고 있어요. 한 가지만 공유하자면~
- ✔ 마무리 잘되었고요, 이제 한 가지 의사 결정만 남았어요.
- ✔ 10분 정도, 짧게 상의드리고 싶은데요.

특히 업무 중 상사에게 보고할 때, 불필요하게 긴장감을 조성하면 오히려 짜증을 유발할 수 있습니다. 선배들이 가장 싫어하는 것 중 하나가 바로 '이벤트적'인 일입니다. 계획에 없던 일이 발생하는 것 자체가 부담스럽기 때문이죠. 안 그래도 여러 업무로 머릿속이 복잡하고 시간이 부족한데, 작은 문제를 마치 큰일이라도 난 것처럼 불안하게 보고하면 상대는 불필요한 스트레스를 받게 될 수밖에요. 물론 현황을 보고할 때 중요한 사안을 축소해서 전달할 필요는 없지만, 그렇다고 지나치게 심각하게 만들 필요도 없습니다.

말에는 분위기와 무게가 존재합니다. 중요한 일을 지나치게 가볍게 전달하면 신뢰를 잃을 수 있고, 반대로 사소한 일을 과도하게 무겁게 전하면 상대를 불필요하게 긴장시킬 수 있습니다. 특히 내가 새로운 자극에 민감하게 반응하고, 부정적으로 사고하는 경향이 있다면 다른 사람에게 소식을 전할 때 어떤 언어를 사용하는지 점검해 보세요.

예를 들어 "생각해 보고 연락드릴게요"라는 말을 들었을 때, '좀 더 고민해 보고 싶구나'라고 받아들이는 사람도 있지만, '안 하려나 봐'라고 부정적으로 해석하는 사람도 있습니다. 이처럼 평소 부정적으로 해석하는 습관이 있다면, 나도 모르게 다른 사람에게 불필요한 긴장감을 유발하는 '나쁜 메신저'가 될 가능성이 높으니 유의하는 것이 좋습니다.

A **"고객사와 잘 소통하고 있고, 한 가지만 확인하면 돼요."**

B "잘됐네요. 어떤 건가요?"

A "고객사에서 회의하자고 연락이 왔어요. 자세한 설명이 필요한가 봐요."

B "그렇군요. 시간 잡아 주세요." (이 친구가 보고할 때는 마음이 덜 불안하군.)

A "준비해서 말씀드리겠습니다."

말씨 미세 교정

상황을 전달할 때는 나쁜 메신저가 되는 대신 긴장감을 낮추는 말씨를 사용한다.

29

변명하지 않고 깔끔하게 사과하기

사과하면서도
"일부러 그런 게 아니라"라고 말하지는 않나요?

네가 먼저 확인했으면 양식에 맞출 수 있었을 텐데….

그건 미안하지만, 그쪽에서 다른 양식으로 보낼 줄 내가 어떻게 알았겠어?

그래도 미리 열어 봤으면 준비할 수 있었잖아.

아니, 나도 진짜 이렇게 될지 몰랐지. 일부러 그런 게 아니라니까!

휴…

사과 한마디 없이 이렇게 변명만 하다니….

미안하지만,
일부러 그런 게 아니라.

미안해.
내가 실수했어.

살다 보면 누구나 실수할 수 있습니다. 그러나 실수했을 때 이를 어떻게 인정하고 사과하는지는 개인의 자존감에 따라 달라질 수 있어요. 다음 대화를 통해 B가 A에게 깔끔한 사과를 하지 못한 이유에 대해 생각해 볼까요?

A "네가 먼저 확인했으면 양식에 맞출 수 있었을 텐데…."

B **"그건 미안하지만, 그쪽에서 다른 양식으로 보낼 줄 내가 어떻게 알았겠어?"**

A "그래도 미리 열어 봤으면 준비할 수 있었잖아."

B **"아니, 나도 진짜 이렇게 될지 몰랐지. 일부러 그런 게 아니라니까!"**

A "휴…." (사과 한마디 없이 이렇게 변명만 하다니….)

A는 B가 파일을 먼저 확인했더라면 변경된 서류 양식에 맞출 수 있었을 것이라며 속상한 마음을 표현합니다. 미리 대처하지 못해 문제가 생긴 것이죠. 이에 B는 "그건 미안하지만~"으로 시작하는 조건부 사과를 합니다. 이어서 상대가 다른 양식으로 줄지 몰랐다는 설명을 덧붙이며 자신의 입장을 변호하죠.

그런데 B의 조건부 사과는 A에게 진정한 사과로 전달될까요? 그렇지 않습니다. 앞서 배운 것처럼 '하지만', '그렇지만'과 같은 접속사는 뒤의 말에 초점을 맞추도록 유도합니다. 결국 A는 B가 자신의 입장을 변명한다고 생각하며 뒤에 덧붙인 말만 기억하게 되고, 사과의 진정성은 사라져 버립니다. 또한 사람들은 실수 그 자체보다 자신의 잘못을 인정하지 않고 제대로 된 사과를 하지 않는 상대방의 태도에 더 큰 실망과 분노를 느낍니다. "아무튼 미안하다", "기분 나빴다면 사과할게"와 같은 형식적인 사과는 상대에게 진정성 있게 다가가지 않습니다. "미안하지만 내 사정도 이해해 줘", "내가 일부러 그런게 아니야", "나도 이렇게 될 줄 몰랐어" 같은 자신의 잘못을 정당화하는 사과 역시 상대에게는 제대로 전달되지 않아요.

조건부 사과하기: 변명과 변호의 말만 남게 되어 상대에게 진정한 사과로 전달되지 않습니다.

특히 자신의 체면과 권위를 중시하거나 비난받는 것을 두려워하는 사람일수록 사과를 어려워합니다. 실수를 인정하면 자존감이 훼손된다고 느껴 무의식적으로 회피하려는 경향을 보이는 것이죠. 또 공감 능력이나 자기반성 능력이 부족한 경우에도 자신의 행동이 상대방에게 어떤 영향을 미쳤는지 이해하지 못해 사과하길 어려워합니다.

만약 실수를 했다면, 변명하기 전에 잠시 멈추고 사과해야 할 대상을 바라보세요. 사과를 할 때는 군더더기 없는 '인정과 공감의 사과 말씨'를 사용해야 합니다. 방법은 다음과 같습니다. 먼저, 실수를 인정합니다. 조건을 달지 말고, "미안해, 내 실수야", "미안해, 내가 잘못했어" 같은 명확한 사과의 표현을 사용해 보세요. 그런 다음, 상대의 감정에 공감합니다. 무엇이 미안한지, 어떤 행동과 결과에 대해 미안함을 느끼는지 상대의 입장을 헤아리는 거죠. 사람들은 단순한 사과를 듣는 것보다 '내가 왜 기분이 상했는지 상대가 이해하고 있는지'를 확인하고 싶어 하니까요. 마지막으로, 같은 문제가 다시 발생하지 않도록 실행 계획을 세우는 것으로 마무리하는 것이 중요합니다. "다음에는 내가 먼저 파일을 열어서 확인해 볼게"처럼요.

'인정과 공감의 사과 말씨' 연습

- ✔ **미안해. 그건 내 실수였어. 파일이 안 열려서 당황했지?**
- ✔ **미안해. 내 잘못인 거 알아. 내가 사전에 확인했어야 했어.**
- ✔ **진심으로 미안해. 후회하고 있어. 네가 실망했을 것 같아.**

심리학자 몰리 하우스Molly Howes는 저서 《그때 이렇게 말했더라면》에서 사과할 때 "미안해"라는 말로 쉽게 끝내려 하지 말라고 조언합니다. 그는 나의 어떤 행동이 실수였는지, 상대에게 어떤 영향을 주었는지 인정하고, 이를 알지 못한다면 질문해야 한다고 말합니다. 의도적으로 피해를 준 것이 아니더라도 사과를 하겠다고 마음먹었다면 진심을 다해 정중히 사과해야 한다고요. 얼마나 진심 어린 사과를 하느냐에 따라 갈등이 단순한 의견 차이로 끝날 수도 있고, 반대로 장기적인 불화로 이어질 수도 있다고 강조합니다.

만약 상대가 사과를 쉽게 받아들이지 않을 때는 어떻게 해야 할까요? '내가 이렇게까지 해야 해?' 하는 생각이 들 수도 있지만, 상대에게도 받아들일 시간을 충분히 주는 것이 좋습니다. 사과하는 것이 하나의 능력이라면, 사과를 받아들이고 상대를 이해하는 것 또한 너그러움이 필요한 일이니까요. 기억할 것은 다른 대화와 마찬가지로, 사과에도 사과를 받아들이는 사람의 역할이 중요하다는 사실입니다. 타인의 실수를 너그럽게 이해하고 다시 기회를 주는 사람들이 있어야, 사과가 받아들여질 수 있는 심리적 안정감이 형성될 테니까요.

A "네가 먼저 확인했으면 양식에 맞출 수 있었을 텐데…."

B **"미안해. 미리 안 열어 본 건 내 실수야. 확인했더라면 양식에 맞게 준비할 수 있었는데."**

A "휴…. 너도 일부러 그랬겠니. 근데 그쪽에서는 왜 다른 양식으로 보낸 거야?"

B "그러게. 미리 알려 주지 않아서 유감이지."

실수했을 때는 변명하지 말고 인정과 공감의 사과 말씨를 사용한다.

해결의 말씨로 책임감 있고 믿음직한 당신의 문제 해결 능력을 보여 주세요!

일을 하다 보면 문제가 발생했을 때 상황을 더욱 악화시키는 사람이 있는가 하면, 책임을 회피하려는 데만 급급한 사람도 있고, 반대로 문제를 직시하며 해결해 보려는 사람도 있는 것 같아요. 이 차이는 어디에서 비롯될까요? 물론 성격이나 능력의 차이도 있지만, 자존감의 차이를 빼놓을 수 없습니다.

미국의 심리치료사 버지니아 사티어Virginia Satir는 관계에서 자존감이 매우 중요한 요인이라고 강조합니다. 그녀는 자존감이 대처 능력, 인간관계, 스트레스 반응 등에 큰 영향을 미친다고 말합니다. 특히 자존감과 효과적인 의사소통을 하는 능력은 비례한다는 점을 강조하는데, 자존감이 높은 사람일수록 정직하고 직접적이며 명확하게 의사소통할 수 있다고 설명합니다. 사티어는 스트레스 상황에서 사람들의 반응을 회유형Placater, 비난형Blamer, 일치형Congruent으로 분류하는데, 이때 **감정, 생각, 행동이 일치하는 '일치형'이 가장 바람직한 의사 소통 유형이라고 말합니다.** 바로 자신의 감정과 욕구를 솔직하게 표현하면서도, 상대방의 감정과 욕구를 존중하는 유형이죠.

'해결의 말씨'는 자존감이 높은 사람이 할 수 있는 일치형의 대화입니다. 물론 '나는 꽤 괜찮은 사람'이라는 감각을 가지려면 자기 수용과 존중, 자기 효능감, 신뢰와 같은 심리적 기반이 다져져야 해요. 이는 단기간에 이루어지는 변화가 아니라, 긴 호흡으로 노력해야 하는 과정이죠. 이와 동시에, 갑작스럽게 문제가 발생했을 때 책임감 있게 일을 처리하며 파트너에게 신뢰를 주는 대화 능력도 필요합니다.

문제 상황에서는 팩트 함정에 빠지지 말고, 상황 전체를 보려고 노력해 보세요. 그러기 위해 **'먼저 확인해 봅시다 말씨'**로 대화를 핵심으로 이끌어 가 보세요. 또한 일의 결과가 좋지 않을 때, 자신의 잘못이 아니라며 회피하려 하지 말고, **'~할 걸 그랬어요 말씨'**로 협력적인 태도를 보여 주세요.

내가 할 수 없는 일은 할 수 없다고 분명하게 말해야 해요. 그러나 '안 된다'고 하기 전에, 대안을 찾아보세요. **'~하면 가능해요 말씨'**를 사용하여 내가 먼저 긍정적이고 적극적인 태도를 보여 주면 어떨까요? 또한 어떤 소식을 전할 때, 나 혼자 너무 부정적이고 심각하게 받아들여 상대까지 불안하게 만드는 '나쁜 메신저'가 되고 있지는 않은지 체크해 봅시다. 이때는 **'긴장감을 낮추는 말씨'**로 상대를 안심시키면서 불필요한 심리적 부담을 느끼지 않도록 대화를 시작해 보세요.

마지막으로, 사과할 때는 변명을 덧붙이지 말고 온전히 인정하는 태도를 가져야 합니다. **'인정과 공감의 사과 말씨'**를 기억하면서 자신의 실수를 인정하고, 상대가 처한 입장과 감정을 헤아리는 표현을 사용해 보세요. 이처럼 솔직하고 담백한 사과를 할 수 있다면, 상대방은 이전보다 더욱 당신을 신뢰하게 될 거예요.

7부

어려워하지 말고 정중하게
거절과 부탁의 말씨

30

매너 있고 간결하게 거절하기

요청을 거절할 때
"그게… 사실은요"라고 말하지는 않나요?

제가 이렇고 저래서~

죄송하지만,
이번에는 어렵겠어요.

강연 중 가장 많이 받는 질문 중 하나가 '상대가 기분 나쁘지 않게 거절하는 법'일 정도로 우리는 거절을 어려워합니다. 이는 타인의 시선과 평가에 대한 두려움 때문이지요. 다음 대화를 살펴보며 거절에 대한 부담을 덜어내는 태도와 유용한 말씨에 대해 생각해 볼까요?

A "혹시 나 대신 가 줄 수 있어요?"

B **"아… 사실은요. 제가 지금 상황이… 저쪽 연락을 기다리고 있는데…."**

A (된다는 거야, 안 된다는 거야?) "안 된다는 거죠?"

B **"원래는 시간이 있었는데 갑자기 일이…."**

A "네. 알겠어요." (뭘 저렇게 어렵게 말해?)

A가 B에게 어딘가 대신 가 줄 수 있는지 묻습니다. 그러자 B는 가능한지 아닌지를 분명하게 밝히는 대신, 구구절절 길게 설명을 덧붙이며 망설이고 있어요. 거절이 껄끄러운 거죠. A는 답답함을 느낍니다.

이처럼 마음이 불편하면 말이 간결해지기 어렵습니다. 불필요한 정보들이 덧붙여지면서 상대에게는 변명처럼 들릴 수 있죠. 하지만 거절은 잘못된 행동이 아니에요. 따라서 이런 상황에서는 명확하면서도 매너 있게 거절 의사를 전달해야 합니다.

변명하기: 불필요한 설명이 길어지며, 마치 내가 잘못한 것처럼 느껴지게 만듭니다.

매너 있는 거절은 정중하면서도 간결해야 합니다. 명료함이 필요한 순간이지요. 이때는 '죄송하지만 어렵겠어요 말씨'를 사용하면 됩니다. 이 말씨는 상대의 기분을 존중하면서 자신의 의사를 분명하게 전달합니다. 이때 '나중에', '어쩌면' 같은 애매한 표현은 쓰지 않는 것이 좋아요. 순간적인 미안함 때문에 '다음에 제가 꼭' 같은 불필요한 약속도 하지 않길 권합니다. 또한 길고 장황한 해명은 생략하고, 마지막에는 "이해해 주셔서 감사해요", "저도 함께하지 못해 아쉽네요"와 같은 감사와 공감의 말을 덧붙이면 부드럽게 마무리할 수 있습니다.

'죄송하지만 어렵겠어요 말씨' 연습

- ✔ **죄송하지만, 이번에는 어렵겠습니다.**
- ✔ **미안하지만, 이건 안 되겠어요.**
- ✔ **아쉽게도, 제가 여력이 안 돼요.**

독일의 커뮤니케이션 전문가 바바라 베르크한Barbara Berckhan은 저서 《가뿐하게 아니라고 말하는 법》에서 타인의 요청에 자동적으로 반응하지 말고, 내면의 속도를 늦추는 연습을 하자고 제안합니다. 즉, "네"라고 답하기 전에 내가 원하는 것이 무엇인지 충분히 고민할 시간을 가져도 된다는 것이죠. '지금 당장 반응해야 한다'고 자신을 압박하지 말고, 자신만의 속도를 찾자고 조언하고 있어요.

거절은 내 시간과 능력을 고려한 선택이지, 관계의 문제가 아닙니다. 타인에게 하는 'No'는 곧 나를 위한 'Yes'입니다. 또한 여력이 되지 않을 때 깔끔하게 "No"라고 말할 수 있어야, 도움을 제공할 수 있을 때 기꺼이 "Yes"라고 말할 수 있어요. 그러려면 거절의 말이 지금보다 조금 더 가볍게 오갈 수 있는 관계를 만들어야 합니다.

MC 유재석은 한 프로그램에서 이렇게 말했습니다.

"사회생활을 하다 보니까 거절을 확실하게 해야 오히려 상대방과의 관계가 오래 유지되더라고요. 되는 건 된다, 안 되는 건 안 된다고 빨리 결정을 해 줘야 해요. 만약 정중하게 거절했는데도 그 사람이 나에게 불만을 가진다면, 오히려 그런 관계는 지금 끝내는 것이 낫습니다."

명료한 거절이 관계를 간결하고 건강하게 만듭니다. 따라서 매너 있게 '죄송하지만 어렵겠어요 말씨'로 거절했음에도 상대가 받아들이지 못한다면, 그것은 나의 책임이 아닙니다. 거절은 나의 우선순위를 지키는 일이며, 그것을 존중하지 않는 관계는 어차피 지속될 수 없으니까요.

A "혹시 나 대신 가 줄 수 있어요?"

B **"아… 급하신 것 같아 죄송하지만, 지금은 어렵겠어요."**

A "아! 그래요? 어쩔 수 없죠. 괜찮아요~" (차라리 이렇게 깔끔하게 대답해 주는 게 좋아!)

B **"이해해 주셔서 감사해요."**

거절을 해야 할 때는 간결하고 매너 있게 죄송하지만 어렵겠어요 말씨를 사용한다.

31

거절할 때 상대가 덜 민망하게 배려하기

부탁을 거절할 때

"안 돼! 알면서 왜 그래"라고 말하지는 않나요?

안 돼! 알면서 왜 그래.

그럼, 부탁할 수 있지.

부탁을 거절당한 것도 속상한데, 상대의 말 때문에 겸연쩍고 서글펐던 적이 있나요? 만약 그런 경험이 있다면 거절할 때 부탁하는 사람의 입장을 배려하는 말씨가 부족했기 때문일 겁니다. 다음 대화를 통해 친구 A를 덜 민망하게 하려면 B가 어떤 말씨를 써야 했을지 생각해 볼까요?

A "내가 좀 급해서… 백만 원만 빌려 줄 수 있어? 갑자기 미안해."

B **"안 돼! 나도 요즘 힘들어. 너도 알면서 왜 그러냐~"**

A "너도 힘들구나… 미안하다."

B **"야, 도움이 안 되어서 어쩌냐…."**

A "아니야… 내가 미안." (괜히 말했나 봐.)

A의 갑작스러운 부탁에 B는 A의 상황에 공감하기보다 자신의 상황을 하소연하는 데 초점을 맞추며 단칼에 거절합니다. B는 괜히 미안한 마음에 "너도 알면서 왜 그러냐"며 원망의 말까지 덧붙이죠. 그러자 A는 무안해하며, 말을 꺼낸 것을 후회합니다.

거절은 상황에 대한 'No'이지만, 거부는 사람에 대한 'No'처럼 느껴질 수 있습니다. 위의 대화처럼 상대를 탓하거나(너는 내 상황 알면서 그런 부탁을 하냐!), 냉정하게 거절하거나(그건 안 되지!), 잔소리를 덧붙이는 것(너는 여태 그런 준비도 안 하고 뭐 했냐?)은 '부탁을 거부하는 말씨'입니다.

거부하기: 거절하는 과정에서 상대를 밀어내는 느낌을 주어 수치심을 유발합니다.

이런 오해를 피하려면 다른 사람의 부탁을 거절할 때 '부탁을 맞이하는 말씨'를 사용하면 좋습니다. 이는 상대의 부탁을 환영한다는 태도를 보여 주면서도 불가능한 요청을 거절하는 방법입니다. 내가 도울 수 없는 것과는 별개로 우리 사이에 이런 부탁이 충분히 오갈 수 있다고, 이런 부탁을 하게 된 상대의 상황을 이해한다는 뜻을 전달하는 것이죠. 예를 들어 "급하면 부탁할 수 있지", "누구라도 그럴 때는 도움이 필요하지"라고 말하면 어렵게 부탁하는 사람의 심리적 부담을 덜어 줄 수 있습니다.

'부탁을 맞이하는 말씨' 연습

- 급하면 부탁할 수 있지.
- 누구나 그럴 때는 도움이 필요하지.
- 그만큼 중요하니까 부탁하는 거겠지.

저 역시 주변 지인들이 여러 모임에서 강의를 부탁하는 경우가 많은데요, 처음에는 거절하지 못해서 어쩔 수 없이 응한 적도 있었어요. 그러나 그런 마음으로 응하면, 일도 관계도 끝이 좋지 않더라고요. 이제는 상대의 말을 다 듣고 난 후에 "그 마음 알 것 같아요. 좋은 프로그램을 만들고 싶으니까 제게 강의도 부탁하시는 거잖아요. 죄송하지만 저는 지인 강의를 하지 않아서 이번에는 어렵겠어요. 양해 부탁드려요"라고 말합니다. 이렇게 말하면 상대는 아쉬워하면서도 제 입장을 헤아려 줍니다. 서로 민망하지 않게 대화를 마무리할 수 있어서 좋더라고요.

친밀한 관계에서는 '부탁을 맞이하는 말씨'를 충분히 사용한 후, 수락할 수 없는 이유를 간단히 설명해 주세요. 이때 지나치게 장황한 설명이나 변명은 피하는 게 좋습니다. 대신 "나는 친한 사이일수록 돈 거래는 안 하려고 해. 미안해", "나는 돈 문제로 친구와 불편한 관계가 되고 싶지 않아. 이해해 줘"처럼 솔직하고 명확하게 말하는 것이 좋습니다. 이렇게 하면 거절이 관계 훼손이 아닌 나의 가치관과 우선순위를 알리는 기회가 됩니다.

관계의 속성을 알기 위해서는 내가 거절할 수 있는지, 그리고 상대가 그 거절을 어떻게 받아들이는지 살펴보세요. 거절이 어렵다면 그 관계는 힘의 균형이 맞지 않을 가능성이 큽니다. 앞으로 어떻게 힘의 균형을 맞춰 나갈지 고민해 보기를 바랍니다.

A "내가 좀 급해서… 백만 원만 빌려 줄 수 있어? 갑자기 미안해."

B **"급하면 부탁할 수 있지. 근데 내가 이번에 대출금 정리를 해서 빌려 주기가 어려워. 어쩌지?"**

A "아니야. 갑작스러웠을 텐데 이해해 줘서 고마워."

B "빨리 해결되면 좋겠다."

A "응, 다시 연락하자!"

부탁을 거절할 때는 거부하는 느낌이 들지 않도록 부탁을 맞이하는 말씨를 사용한다.

32

미리 짐작하지 말고 구체적으로 도움 요청하기

도움이 필요한 상황에서도
"아니에요. 괜찮아요"라고 말하지는 않나요?

아니에요. 괜찮아요.

보고서 검토 도와줄 수 있으세요? 왜냐하면~

인간은 본질적으로 공동체적 존재이며, 타인의 도움과 지원이 필요합니다. 그럼에도 불구하고 도움을 요청하는 일은 여전히 쉽지 않지요. 다음 대화를 통해 부탁 행동을 방해하는 심리적 요인과 도움을 요청할 때 유용한 말씨에 대해 생각해 볼까요?

A "휴유…." **(도와 달라고 하면… 민폐겠지? 하….)**

B "왜요? 뭐가 잘 안 돼요?"

A **"아니에요. 괜찮아요." (괜히 부탁했다가 거절당하면 어떡해….)**

B "그래요. 그럼."

A "…." (나는 왜 이런 부탁도 못 할까….)

A는 도움이 필요해 보입니다. 그러나 도움을 요청하는 대신, '~하겠지?', '~하면 어떡해' 같은 생각만 가득하고 있습니다. 심지어 다른 사람이 먼저 관심을 보이는 상황에서도 "아니에요. 괜찮아요"라고 말하며 스스로 도움을 요청할 기회를 차단하고 있네요.

도움을 요청하지 못하는 이유는 다양하지만, 크게 세 가지로 정리할 수 있습니다. 첫째, 거절 자체에 대한 두려움 때문이에요. 거절당하는 것은 소속감의 욕구에 상처를 입히는 일입니다. '거절당하면 어떡해'라는 불안과, 거절당했을 때의 고통을 피하기 위해 아예 부탁 자체를 하지 않으려는 심리죠. 둘째, '타인에게 폐를 끼치면 안 된다'는 믿음 때문이에요. 부탁하는 행위 자체를 남을 불편하게 하고, 번거롭게 하는 일이라 여기기 때문이죠. 이는 '사람들은 기본적으로 타인에게 관심이 없고, 도와주려는 호의도 없을 것이다'라는 잘못된 인식에서 비롯되는 경우가 많습니다. 셋째, 부탁이 무능력의 증거로 보일까 봐 염려하는 마음 때문이에요. '내가 해결하지 못하는 모습을 보이면, 사람들이 나를 무능하다고 평가하지 않을까?' 하는 불안입니다. 괜히 자신의 능력이 저평가될까 봐, 부탁을 하지 않는 게 더 낫다고 생각하는 것이죠.

이 세 가지 이유에는 공통점이 있습니다. 바로 감정적 추론Emotional Reasoning을 하고 있다는 점입니다. 감정적 추론이란 내가 느끼는 감정을 근거로 상황을 판단하고 결론을 내리는 인지적 오류를 뜻합니다. 즉, 상대방이 어떻게 반응할지 실제로 알 수 없음에도, 내 감정만을 근거로 섣불리 부정적인 결론을 내려 버리는 것이죠. 예를 들어 '부탁하는 내 마음이 불편하다 = 그러니 상대도 불편해할 거야 = 내 능력을 의심할지도 몰라 = 그러니 나 혼자 해결해야겠다' 하는 식으로요.

감정적 추론: 거절에 대한 불편한 감정 때문에
부정적 결과를 예상하고 부탁하는 행동 자체를 포기하게 만듭니다.

오히려 명확하게 도움을 요청하는 것은 내가 무엇을 하려는지, 그래서 어떤 지원이 필요한지 스스로 잘 이해하고 있다는 뜻입니다. 바꿔 말하면 이것은 다른 사람들을 참여시키고 독려하는 능력을 갖춘 유능한 태도라고도 할 수 있습니다. 사회학자 웨인 베이커Wayne Baker는 《나는 왜 도와 달라는 말을 못 할까》에서 부탁을 '의존적 부탁'과 '자주적 부탁'으로 구분합니다. '의존적 부탁'은 스스로 문제를 해결할 능력이 없다고 믿고, 남에게 문제 해결을 대신 요청하는 방식입니다. 반면 '자주적 부탁'은 자신에게 문제를 해결할 능력이 있다고 믿으며, 이를 더 효과적으로 해결하기 위해 도움을 요청하는 방식입니다. 앞으로는 자주적 부탁의 태도로 도움을 요청해 보세요. 그러려면 도움을 요청하기 전에 내가 문제를 정확히 인지하고 있는지 알아야 합니다. 또한 다른 사람에게 어떤 도움을 요청하고자 하는지 분명하게 정리된 상태여야 해요.

'내용과 이유를 알리는 말씨' 연습

- ✔ **커피 사러 갈 때 도와줄 수 있으세요? 손이 부족해서요.**
- ✔ **이 용어 좀 가르쳐 주실 수 있으세요? 정확히 알고 싶어서요.**
- ✔ **발표할 때 자료 세팅 좀 도와줄 수 있으세요? 미리 준비하고 싶어서요.**

따라서 부탁할 때는 모호한 표현 대신, 구체적으로 '내용과 이유를 알리는 말씨'를 활용하는 것이 중요합니다. 우선, 요청의 내용을 명확히 전달합니다. 단순히 "시간 되세요?"라고 묻는 것보다 "○○ 자료 찾는 것 좀 도와주실 수 있나요?"처럼 구체적인 도움의 항목과 범위를 제시하는 것이 좋습니다. 둘째, 도움을 요청하는 이유를 간략하게 덧붙이세요. "제가 정확한 자료를 찾고 싶어서요"처럼 목적과 배경을 함께 전달하는 것이죠.

랭거 연구팀의 심리학 연구에 따르면, 부탁할 때 '왜냐하면'을 덧붙이면 설득 효과가 훨씬 높아지는 것으로 나타났습니다.

거절은 나에 대한 거부가 아닙니다. 상대의 상황과 자원에 따른 결정일 뿐이죠. 그것을 나 자신과 연결 지어 스스로를 괴롭게 하지 마세요. 생각보다 사람들은 타인의 일에 기꺼이 도움을 주려고 합니다. 이와 관련하여 플린 연구팀의 발표에 따르면 그 확률은 우리가 예상하는 것보다 훨씬 높은 것으로 나타났습니다. 사람들은 누군가에게 도움을 줄 때 오히려 부탁을 요청한 사람에게 호감을 느끼게 되고 관계도 돈독해진다고 합니다. 이러한 심리적 기제를 벤저민 프랭클린 효과Benjamin Franklin Effect라고 부릅니다.

도와 달라고 말하지 않으면, 아무도 당신을 도울 수 없어요. 거절당할까 봐 미리 포기하지 말고, 직접 요청하고 시도해 보세요! 부탁을 망설이게 만드는 심리적 이유들이 사실인지 아닌지는 직접 해 보기 전까지는 알 수 없으니까요.

A **"혹시 이 보고서 검토 좀 도와주실 수 있으세요? 제가 이해한 게 맞나 확인하고 싶어서요."**

B "어떤 거요? 아~ 이따 1시에 회의실에서 봐요."

A "감사합니다. 덕분에 쉽게 이해했어요." **(도와 달라고 말해 보니 별거 아니네!)**

B "도움이 되어 다행이에요."

혹시 이 보고서 검토 좀 도와주실 수 있으세요?

제가 이해한 게 맞나 확인하고 싶어서요.

어떤 거요? 아~ 이따 1시에 회의실에서 봐요.

감사합니다. 덕분에 쉽게 이해했어요.

도와 달라고 말해 보니 별거 아니네!

도움이 되어 다행이에요.

말씨 미세 교정

도움이 필요할 때, 거절을 미리 짐작하지 말고 내용과 이유를 알리는 말씨를 사용한다.

33

상대의 상황을 헤아리며 부탁하기

업무를 요청하면서 명령하듯
"바로 보내세요"라고 말하지는 않나요?

**급하니까
바로 보내 달라고요.**

**바쁘실 텐데…
부탁드려도 될까요?**

동료에게 업무 협조를 요청했을 때 무관심한 반응만큼이나 힘든 것이 요청하는 말씨가 불쾌하게 느껴지는 상황입니다. 아래 대화를 살펴보면서, A가 앞으로 어떤 말씨에 주의해야 할지 생각해 볼까요?

A **"엑셀 파일 급하니까 빨리 작성해서 보내세요."**

B "네?"

A **"저희도 정리를 해야 하니까 바로 좀 보내 달라고요."**

B "아, 네…." (뭐야? 명령하는 말투… 기분 나빠….)

A는 B에게 파일을 보내 달라고 요청합니다. 하지만 "왜 아직 안 보내 주세요?", "바로 보내 달라고요" 같은 공격적인 어조로 요구하죠. B는 A가 마치 명령하듯 말하는 것 같아 기분이 상합니다. 괜히 언성을 높이고 싶지 않아 참고 넘어갔지만, 전화를 끊고도 한동안 동료에게 무시당했다는 생각에 마음이 개운치 않습니다.

명령은 상대에게 특정 행동을 강요하는 것으로, 거절할 수 있는 선택권을 포함하지 않습니다. 예를 들어 '하세요should', '하지 마세요shouldn't' 같은 표현은 상대의 의사를 배제한 채 일방적인 메시지를 전달하기 때문이죠. 반면, 부탁이나 권유는 상대의 선택권을 존중하는 표현입니다. 이는 동등하고 수평적인 관계에서 이루어지는 소통 방식이지요. 앞의 대화에서 A의 말이 불쾌하게 느껴지는 이유는 부탁이나 권유가 아닌 명령형 표현을 사용하고 있기 때문입니다. 이런 말씨는 상대의 자율성, 즉 스스로 선택하고 통제하고자 하는 기본적인 욕구를 침해하여 듣는 사람에게 불쾌감을 줄 수 있습니다.

명령하기: 나의 주장을 강요하고 상대의 선택권을 무시함으로써 존중하지 않는 태도를 드러냅니다.

명령형이 아니라 권유형으로 말하기 위해서는 '텐데와 의문형의 말씨'를 사용하는 것이 좋습니다. 이는 '~텐데'란 '바쁘실 텐데', '번거로우실 텐데'처럼 상대의 상황이나 입장을 배려하며 추측하는 표현입니다. 이런 말씨는 표현 사이에서 심리적 쿠션 역할을 하여 부드러운 인상을 줍니다. 또한 의문형은 핵심적인 요청의 내용을 질문 형식으로 바꾸어 말함으로써, 상대에게 선택권이 있다는 느낌을 주는 효과가 있습니다. 앞의 상황을 예로 들면 A가 "바로 보내 달라고요" 대신 "바쁘실 텐데, 엑셀 작성을 부탁드려도 될까요?"와 같이 바꾸어 말하는 것이 좋아요.

모든 대화에서 '텐데와 의문형의 말씨'를 사용할 수 있는 것은 아닙니다. 하지만 이 말씨는 특히 자신의 경직된 말투 때문에 고민하는 분들에게 추천하고 싶어요. 평소에 감정 없이 딱딱하게 말하는 스타일이라면, 의도하지 않았음에도 명령조로 들린다는 오해를 받을 수 있거든요. 말하는 방식은 표정, 목소리 톤, 문장의 어조와 높낮이 등에 영향을 받지만, 이 부분은 바꾸기 쉽지 않으니 '텐데와 의문형의 말씨'를 활용해 언어 자체를 부드럽게 조정하는 편이 한결 수월할 겁니다. 또한 서로 예민하고 불편해질 수 있는 상황에서 이 말씨를 사용하기를 권합니다. 스트레스를 받을 때는 작은 말투 하나에도 상대를 자극할 수 있기 때문에, 더욱 신중하고도 세심하게 대화하는 것이 좋습니다.

'텐데와 의문형의 말씨' 연습

- ✔ **바쁘실 텐데, 시간 안에 보내 주실 수 있을까요?**
- ✔ **번거로우실 텐데, 한 번 더 부탁드려도 될까요?**
- ✔ **기다리셨을 텐데, 한 시간 정도 더 주실 수 있을까요?**

강의 중에 종종 '업무 요청을 할 때마다 사과를 하게 되는데, 이게 맞는 방법인지 모르겠다'고 질문하는 분들이 있습니다. "이런 말씀 드려서 죄송한데요"처럼 저자세로 말하다 보면, 과연 이렇게까지 해야 하나 싶을 때도 있을 겁니다. 업무 협조를 요청하면서 과하게 미안함을 표현할 필요는 없습니다. 우리가 가져야 할 태도는 '상대를 배려하는 말씨'이지, '나를 낮추는 자세'는 아니니까요. 협력하는 관계에서는 상대에게 거절할 권리가 있듯이, 나에게도 도움을 요청할 자격이 있습니다.

"그렇게 바쁘면 직접 알아보세요!"

"저는 잘 모르겠고요, 규정집에 나와 있으니까 확인해 보세요!"

"몰라요. 저한테 말해도 소용없어요!"

생산성이 높고 평판이 좋은 직원은 도움을 자주 베풀고, 자주 받는 사람이라고 해요.[2] 그런데 저희 '말마음연구소'에서 진행한 설문에 따르면, 동료에게 협업을 요청할 때 여전히 앞에서 살펴본 다소 공격적인 명령형 표현이 오가고 있으며, 이로 인해 마음에 상처를 받는 경우가 많다고 해요. 이런 순간들이 반복되면, 우리는 점점 동료에게 도움을 요청하기 어려워지고, 결국 정보를 나누지 않으려는 '회피의 대화'로 빠지게 됩니다. 협업을 할 때 가장 중요한 것은 '집단의 심리적 안정감'입니다. 요청과 거절이 서로의 불안과 두려움을 자극하지 않도록, 상황에 맞게 배려하는 말씨를 잘 사용하면 좋겠습니다.

A **"그 팀도 바쁘실 텐데, 엑셀 작성 부탁드려도 될까요?"**

B "아…. 기다리셨을 텐데, 죄송해요. 점심시간 전에 보내드릴게요."

A "마음 써 주셔서 감사합니다."

B "양해해 주셔서 저희가 더 감사하죠."

부탁과 요청을 할 때는 명령조로 말하지 않고 텐데와 의문형의 말씨를 사용한다.

34

거절당했을 때 불편하지 않게 대화 마무리 짓기

거절당했을 때

"왜 너만 안 해 줘?"라고 말하지는 않나요?

다른 사람은 다 하던데요.

아쉽네요.
시간 내주셔서 감사합니다.

아름다운 이별이 없듯이 기분 좋은 거절도 없습니다. 아무리 정중하게 말해도 부탁을 거절당한 사람은 유쾌할 리 없지요. 그럴 때는 서로 불편하지 않도록 대화를 잘 마무리할 수 있는 말씨가 필요합니다. 다음의 대화를 통해 거절 상황에서 어떻게 말하면 좋을지 생각해 볼까요?

A "추가 자료 좀 보내 줄 수 있으세요?"

B "아, 죄송합니다. 저희는 추가 자료는 드리지 않고 있어요."

A **"왜요? 다른 곳은 다 보내 주시던데요?"**

B (뭐야….) "다른 곳은 어떨지 모르겠지만 저희는 형평성 때문에 어려워요."

A **"이렇게 안 주시는 곳은 처음 봐요."**

B "…." (그래서 하고 싶은 말이 뭐야?!)

A가 B에게 추가 자료를 요청했지만, B는 내부 기준상 제공이 어렵다고 답하네요. 그러자 A는 마음이 상한 듯 다른 곳과 비교하며 "이런 곳은 처음 봐요"라는 반응을 보입니다. B는 이러한 말에 불쾌감을 느껴 더 이상 적극적으로 응대하고 싶지 않습니다.

A가 이렇게 말하는 이유는 원하는 것을 얻고 싶기 때문일 겁니다. 하

지만 이러한 대화 방식은 상황을 바꾸는 데 전혀 도움이 되지 않을 뿐만 아니라, 이후의 관계까지 악화시킬 가능성이 큽니다. 특히 B는 이러한 말에서 불필요한 죄책감을 느낄 수도 있습니다. "다른 곳은 다 보내주시던데요?"와 같은 비교, 탓하기, 원망의 말들은 '당신의 행동이 잘못되었고, 그에 대해 미안함을 느껴야 한다'는 메시지로 전달되기 때문이죠.

죄책감 자극하기: 부정적인 결과에 대한 불편한 책임감을 느끼게 함으로써 관계를 악화시킵니다.

나의 부탁이 받아들여지지 않더라도 나이스한 태도를 유지해 보세요. 이때 '아쉽지만 감사합니다 말씨'를 활용해 대화를 마무리해 보세요. 먼저 "기대했는데 많이 아쉽습니다"처럼 솔직한 아쉬움을 표현하는 것이 적절합니다. 이어서 상대방이 어렵게 거절한 상황을 이해하고 감사의 표현, 즉 "시간 내주셔서 감사합니다" 또는 "고려해 주셔서 감사합니다"와 같은 말로 마무리하는 것이 좋습니다.

'아쉽지만 감사합니다 말씨' 연습

- ✔ 기대했었는데 많이 아쉽습니다. 검토해 주셔서 감사해요.
- ✔ 받고 싶었는데 아쉽네요. 고려해 주셔서 감사합니다.
- ✔ 아쉽지만, 어쩔 수 없지요. 시간 내주셔서 감사드려요.

미국의 유명 잡지 〈패스트 컴퍼니〉를 창간한 앨런 웨버Alan M. Webber는 그의 저서 《그들에게 있었다: 당신이 알아야 할 모든 것은》에서 "거절을 잘 받아들이면 축복이 된다"라고 말하며, 거절을 당했을 때 성공한 사람들이 취하는 몇 가지 태도에 대해 설명하고 있습니다. 우선 그들은 앞으로도 수많은 거절을 마주하게 될 것임을 알고 있으며, 이를 개인적인 문제로 받아들이지 않는다고 해요. 즉, 거절을 자신의 인격이나 가치에 대한 부정으로 여기지 않고, 단순한 상황적 결정으로 이해하는 것이죠.

또한 앨런 웨버가 만났던 진취적인 사람들은 거절당했을 때 "고맙습니다"라고 말합니다. 이는 상대에게 '나는 기대에 어긋나는 소식도 겸허히 받아들일 수 있는 사람'이라는 인상을 주며, 관계를 긍정적으로 지속하는 데 도움이 됩니다. 거절한 사람 역시 부탁했던 사람을 기억하게 되고, 언젠가 다시 기회가 생겼을 때 더 긍정적인 응답으로 이어질 가능성이 높아지죠. 이 책에서 웨버는 거절의 말을 들었을 때, 시간을 내어 관심을 가지고 응대해 준 상대에게 감사의 표현을 전하라고 조언합니다.

우리가 누군가의 부탁을 거절하기 쉽지 않듯, 거절하는 사람 또한 쉽지 않은 결정을 내리는 경우가 많습니다. 나의 요청이 절실했던 만큼, 상대의 어쩔 수 없는 거절 또한 존중해 주세요. 아쉬움을 표현하되, 결과를 있는 그대로 받아들이는 태도가 거절 앞에서 우리가 선택할 수 있는 최선의 자세입니다.

A "추가 자료 좀 보내 주실 수 있으세요?"

B "아, 죄송합니다. 저희가 추가 자료는 드리지 않고 있어요."

A “아? 진짜요? **꼭 받고 싶은데 혹시 방법이 없을까요?**”

B “어쩌죠? 저도 개인적으로는 드리고 싶은데 형평성 때문에 어렵습니다. 양해 부탁드려요.”

A **“기대하고 있었는데 아쉽네요. 시간 내주셔서 감사합니다.”**

B “아이고, 이해해 주셔서 제가 감사하죠.”

추가 자료 좀
보내 주실 수 있으세요?

죄송합니다. 저희가 추가
자료는 드리지 않고 있어요.

아, 진짜요? 꼭 받고 싶은데
혹시 방법이 없을까요?

어쩌죠? 형평성 때문에
어렵게 됐네요.
양해 부탁드려요.

기대하고 있었는데 아쉽네요.
시간 내주셔서 감사합니다.

말씨 미세 교정

부탁을 거절당했을 때는 상대를 존중해 아쉽지만 감사합니다 말씨를 사용한다.

거절과 부탁의 말씨로 건강하고 유연한 관계를 만들어 보세요!

"만약 반드시 '예'라고 대답해야 한다면, 열린 마음으로 그렇게 말하라. 그리고 '아니요'라고 말해야 한다면, 두려움 없이 이를 말하라."

《연금술사》로 잘 알려진 세계적인 작가 파울로 코엘료는 이렇게 말하며, 수용과 거절의 중요성을 강조합니다. 그럼에도 우리는 여전히 타인에게 "No"라고 말하는 것이 쉽지 않습니다. 거절이 어려운 이유는 복잡한 심리적 메커니즘 때문입니다. 냉혹한 감독관처럼 스스로를 감시하며 관계가 불편해질 것이라는 불안을 키우거나, '착한 사람 콤플렉스'로 인해 타인의 기대에 부응하려는 심리가 작용하기도 합니다. 이 외에도 자신을 해결자로 여기거나, 타인의 실수에 과도한 책임감을 느끼거나, 힘들고 약한 사람을 반드시 도와야 한다는 부담을 안고 있는 사람, 혹은 뭐든지 최선을 다하지 않으면 불편함을 느끼는 사람들도 거절에 어려움을 겪는 경우가 많습니다.

부탁이나 제안을 받았을 때 거절이 어렵다면, **내 안에 어떤 심리적 버튼이 작동하는지 관찰해 보세요**. 저 역시 '유능한 사람이 되고 싶다'는 심리적 버튼이 작동하고 있음을 깨달았어요. 도움을 청하는 상대가 나를 꼭 필요로 한다고 착각했던 것이죠. 하지만 꾸준한 연습을 통해 거절은 나를 보살피고 건강한 경계를 세우는 용기 있는 선택임을 이해하게 되었습니다. 때로는 긴 설명 없이 "안 하고 싶어요"라고 말하기도 하는데 의외로 큰 해방감이 느껴지더라고요. 만약 상대가 나의 거절을 존중하지 않는다면 "저 어렵게 거절하는 거예요. 이해 부탁드려요" 하면서 대화를 마무리 짓습니다.

내 안의 버튼을 파악했다면, 요청을 받았을 때 즉답하기보다 "생각해 볼게요"라며 여유를 두는 연습을 해 보세요. 이후에는 **'죄송하지만 어렵겠어요 말씨'**로 간결하고 명확하게 거절해 봅시다. 거절할 때는 **'부탁을 맞이하는 말씨'**로 부탁할 수밖에 없는 상대의 상황과 입장을 헤아려 보세요. 요청을 거절하는 것이 곧 사람을 거부하는 것으로 느껴지지 않도록 공감하는 것이 중요합니다. 단, 정중히 거절하되, 상대의 불편감까지 책임질 필요는 없습니다.

한편, 부탁하는 것은 거절하는 것만큼이나 심리적 버튼이 작동하는 일입니다. 미리 결과를 부정적으로 상상하지 말고 **'내용과 이유를 알리는 말씨'**로 정교한 부탁을 시도해 보세요. 내가 무엇을 원하는지, 상대에게 무엇을 요청하는지가 명확할수록 더 효과적입니다. 도움을 요청할 때는 상대가 명령받는 느낌을 받지 않도록 유의해야 합니다. 특히 민감한 상황에서는 **'텐데와 의문형의 말씨'**로 상대의 입장을 배려해 주세요. 부탁이 거절당할 가능성도 언제나 염두에 두세요. 나를 싫어해서가 아니라, 상대에게도 충분한 사정이 있을 수 있기 때문이에요. 그럴 때는 **'아쉽지만 감사합니다 말씨'**로 불편한 감정을 상대에게 쏟지 말고, 매너 있게 대화를 마무리하면 됩니다.

8부

불편해하지 말고 똑똑하게 자기 보호의 말씨

35

지나친 간섭과 충고 현명하게 돌려보내기

상대가 요청하지도 않은 일에
'간섭하고' 있지는 않나요?

선배님은 어떠셨어요?

우리 주변에는 꼭 오지랖이 넓은 사람들이 있습니다. 원하지 않는데도 불필요하게 간섭하며 조언이나 충고를 하려는 사람들이죠. 하지만 그 대상에게 "불편하다"라고 직접적으로 말하기 어려울 때가 있어요. 다음의 대화를 통해 이런 상황에서 어떻게 반응하면 좋을지 생각해 볼까요?

A "이제 곧 결혼한다고 했지? 요즘 같은 때는 무리해서라도 집을 사 둬."

B **"저도 그러고 싶죠."**

A "집에서 도와준다고 하지 않았나? 지금 둘이 합쳐 자본금이 얼만데?"

B **"얼마 안 돼요…." (이건 선 넘은 거 아닌가?)**

A "결혼할 사람 연봉도 꽤 될 거 아니야. 같이 벌면 감당할 수 있지."

선배 A가 곧 결혼하는 후배 B에게 조언을 합니다. 그러면서 자본금이 얼마나 있는지 묻고, 배우자의 연봉을 거론하는 등 선을 넘는 간섭을 하고 있어요. B는 불편하지만, 얼굴을 자주 봐야 하는 팀 내 선배에게 어떻게 반응해야 할지 몰라 우물쭈물하고 있습니다. 정색하기에는 이후의 관계가 걱정되고, 그냥 듣고 있자니 속이 답답합니다.

이렇게 다른 사람의 일에 간섭하는 사람들의 긍정적인 특징은 사람들에게 관심이 많다는 점입니다. 타인의 일을 마치 자기 일처럼 여기며 적극적으로 개입하려는 태도와 공감 능력을 갖추고 있죠. 그러나 지나친 오지랖은 많은 사람을 불편하게 할 수도 있습니다. 서울아산병원 정신건강의학과 김병수 교수는 이러한 오지랖의 심리를 '통제 욕구'와 '지나친 자기애'로 설명합니다. '통제 욕구'란 겉으로는 타인에 대한 애정이나 관심처럼 보이지만, 실제로는 상대를 지배하고 통제하려는 무의식을 말합니다. 또한 이런 사람들은 자신을 과대평가하고 과도하게 중요하게 여기기 때문에 '내가 이 분야를 잘 안다', '당신은 내 도움이 필요하다'고 믿는 경향이 있습니다. 결국 타인을 스스로 판단하기에 부족한 존재로 여기고, 그들에게 자신의 도움이 필수적이라고 착각하는 경우가 많죠.

간섭하기: 나와 관련되지 않은 일에 상대가 원하지 않는
조언과 충고를 하는 것은 지나친 오지랖입니다.

이렇게 선을 넘어 간섭하는 사람의 말을 억지로 참거나, 조목조목 따지며 반박하는 것은 별로 효과적이지 않습니다. 무조건 참으면 내가 괴로울 테고, 지나치게 받아치면 '도와주려고 하는데도 저런다'거나 '네가 뭘 몰라서 그런다'는 식으로 반응할 테니까요. 이럴 때는 '역으로 질문하기 말씨'를 사용해 불편한 간섭에서 벗어나 보세요. 질문을 활용해 상대에게 다시 화살을 돌리는 방법입니다.

예를 들어 선배가 "지금 둘이 합쳐서 자본금이 얼만데?"라고 물을 때 꼭 답할 필요는 없습니다. 대신 "선배님은 어떠셨는데요?"라고 질문을 돌리면 대화의 초점을 전환할 수 있습니다. "선배님이라면 어떻게 하실 것

같아요?", "또 다른 방법이 있을까요?"와 같이 상대에게 질문을 던지면 화자가 내가 아닌 상대가 되면서 대화의 흐름이 자연스럽게 바뀌게 됩니다.

'역으로 질문하기 말씨' 연습

- ✓ 선배님은 어떠셨어요?
- ✓ 선배님이라면 어떻게 하실 것 같아요?
- ✓ 또 다른 방법이 있을까요?

여러 심리학 연구에 따르면, 권력이 높아질수록 상대에 대한 공감 능력이 감소한다고 합니다. 그중 가장 잘 알려진 연구는 컬럼비아 대학교의 애덤 갤린스키Adam Galinsky 교수가 2006년 〈심리과학 학술지〉에 발표한 '알파벳 E 실험'입니다. 이 실험에서 참가자들은 각자 이마에 대문자 E를 그리도록 요청받았습니다. 이때 고권력자 그룹은 자신이 읽기 편한 방향으로, 저권력자 그룹은 상대방이 읽기 쉬운 방향으로 글자를 썼다고 합니다. 이후 여러 연구 결과에 권력을 오래 누린 집단이나 강한 권력을 가진 사람일수록 타인의 감정을 읽고, 그 입장에서 이해하는 능력이 부족할 가능성이 높다는 점이 밝혀졌습니다.

후배가 선배에게 오지랖을 부리는 경우는 흔치 않습니다. 경험이 많아질수록, 선배가 되어 갈수록 스스로 의식하지 못한 채 자신보다 어리거나 경험이 부족한 상대를 간섭하고 통제하려는 욕구가 나타나기 쉽기 때문입니다. 내가 하는 조언과 충고가 상대에게 불편함을 주고 있다는 사실을 인식하지 못하는 거죠. 앞으로는 나와 직접 관련이 없는 일에 함부로 개입하지 않도록 주의해 보세요. 아무리 좋은 조언이라도 상대가 요청할 때, 그리고 받고 싶어 할 때 선물처럼 주어야 합니다. 대화 중 상대가 단답형으로 끝내거나 답을 피하려 한다면, 내용을 몰라서가 아니라 불편해서 그럴 가능성이 크다는 사실을 기억하세요. 이럴 때 "나 때는 이런 말 해 주는 선배가 없었어"라고 말하는 대신 "이런, 내가 오지랖을 부렸네. 미안해"라고 하며 말을 멈추는 것이 좋습니다.

A "이제 곧 결혼한다고 했지? 요즘 같은 때는 무리해서라도 집을 사 둬."

B **"그런가요…?"**

A "집에서 도와준다고 하지 않았나? 지금 둘이 합쳐 자본금이 얼만데?"

B **"선배님은 어떠셨는데요?"**

A "나? 나 결혼할 때는~"

요즘 같은 때는 무리
해서라도 집을 사 둬.

그런가요…?

집에서 도와준다고 하지 않았나?
지금 둘이 합쳐 자본금이 얼만데?

선배님은
어떠셨는데요?

나? 나 결혼할 때는~

말씨 미세 교정

불필요한 간섭과 충고를 하려는 사람에게는 역으로 질문하기 말씨를 사용한다.

36

애매하게 선을 넘는 말 명확히 하기

하고 싶은 말을 숨기고, 은근히
'저격하고' 있지는 않나요?

어떤 의미로 한 말이야?

대화 당시에는 크게 신경 쓰지 않았지만, 나중에 돌아보니 '나를 겨냥한 말이었나?' 싶어 기분이 상한 경험이 있나요? 이는 대부분 상대가 분명하지 않은 애매한 표현으로 선을 넘는 경우에 발생합니다. 다음 대화를 통해 A의 말에 대해 B가 어떻게 반응했더라면 더 나았을지 생각해 볼까요?

A "너무 나대는 거 아닌가?"

B "뭐가?"

A "아니, 거짓말해서 괜히 관심 끌려고 하는 애들 있잖아."

B "…."

A "나중에 다 들통날 텐데… 왜 그러는지 모르겠어."

B "…." **(나보고 하는 말이야?)**

A는 B에게 하고 싶은 말이 있는 듯하지만, 직접적으로 표현하지 않고 에둘러 말하고 있습니다. 듣는 사람 입장에서는 이런 방식이 훨씬 더 불쾌하게 느껴질 수 있죠. 그러나 B는 A의 애매한 말에 별다른 반응을 하지 못한 채 그냥 넘어갑니다.

《나를 지키는 관계가 먼저입니다》의 저자 안젤라 센Angela Sen은 이를 '수동공격적 돌려까기형'이라고 부릅니다. 우회적으로 돌려 말함으로써 상대방을 혼란스럽게 만드는 대화 방식이죠. 예를 들어 "축하한다~ 참 독하다~ 독해!"라는 문장은 겉보기에는 칭찬처럼 보일 수 있지만, 말하는 사람의 어조나 비언어적 표현이 미묘하게 어긋나면 상대에게 모호한 메시지로 전달될 수 있습니다. 또한 앞의 사례처럼 "꼭 그런 사람들 있잖아" 하며 제삼자를 언급하는 듯하지만, 결국 상대를 저격하는 뉘앙스를 풍기는 경우도 있습니다. 듣는 사람은 그 말이 자신을 향한 것인지 명확히 판단하기 어려워 즉각적으로 대응하지 못하고, 시간이 지나서야 몇 번이나 상황을 곱씹으며 뒤늦게 불쾌감과 분노를 경험하게 되는 거죠.

돌려까기형: 분명한 의도가 있지만, 메시지를
우회적으로 전달함으로써 상대를 혼란스럽게 합니다.

이러한 사람들은 의도적으로 모호한 표현을 사용해 여러 해석의 여지를 남기며, 스스로 빠져나갈 구멍을 마련하려 합니다. 상대가 "너 왜 그렇게 말해!"라며 감정적으로 반응하면, "농담인데 왜 그렇게 발끈해?" 또는 "네가 너무 예민하네~" 같은 말로 책임을 상대에게 전가하는 특징을 보입니다. 그렇다고 그냥 참고 넘어가면, 상대는 수동공격적인 돌려까기 화법이 효과적이라고 여기고 계속해서 이를 사용하려 하겠지요.

이런 상황에서는 상대가 직접적인 메시지를 드러내도록 유도하는 '숨은 의도를 묻는 말씨'를 활용하면 좋습니다. 핵심은 상대가 전하고자 하는 메시지가 무엇인지 명확하게 다시 되묻는 것입니다. 예를 들어 "그 말이 무슨 뜻이야?", "어떤 의미로 한 말이야?"와 같이 직접 되묻는 방식이에요.

'숨은 의도를 묻는 말씨' 연습

- ✔ **어떤 의미로 한 말이야?**
- ✔ **그 말은 무슨 뜻이야?**
- ✔ **방금 네가 한 말은 내가 어떻게 받아들여야 해?**

이렇게 질문하는 것에는 두 가지 효과가 있습니다. 첫째, 상대에게 해명의 기회를 주는 것입니다. 혹시 내가 오해한 것은 아닌지 먼저 확인할 필요가 있으니까요. 또한 상대가 진짜 하고 싶은 말이 있다면 직접 설명할 수 있도록 유도하는 역할도 해요. 이러한 질문을 통해 두 사람 사이에서 해결해야 할 핵심적인 주제가 드러날 수도 있습니다.

둘째, 나는 쉽게 넘볼 수 없는 사람이라는 태도를 분명히 하는 것입니다. 사람들은 관계에서 '이 정도는 말해도 괜찮을까?'를 본능적으로 판단합니다. 그야말로 누울 자리를 보고 다리를 뻗는 것이죠. 묘하게 나를 저격하는 말을 들었다고 해서 곧바로 흥분할 필요는 없지만, '내가 너무 예민한 건가?' 하면서 계속 참거나 넘겨서는 안 됩니다.

이런 경우에는 우선 잠시 대화를 멈추는 것부터 시작해 보세요. 그리고 상대를 지그시 바라보며 조금 속도를 늦추어 질문하는 겁니다. 예를 들면 "혹시 나에게 따로 하고 싶은 말이 있어?"와 같이요. 건강한 대화는 뒤에서 돌려 공격하는 것이 아니라, 링 위에 올라와 정면으로 마주하는 것입니다. 수동공격적으로 돌려까는 사람들에게는 나한테 비겁한 공격은 통하지 않는다는 것을 보여 주세요.

A "너무 나대는 거 아닌가?"

B "뭐가?"

A "아니, 거짓말해서 괜히 관심 끌려고 하는 애들 있잖아?"

B **"어떤 의미로 한 말이야?"**

A "아니~ 혹시 네가 우리한테 거짓말한 건가 해서."

B "안 했어. 그러니까 괜한 오해는 하지 마."

애매하게 선을 넘는 불편한 말을 들었을 때는 숨은 의도를 묻는 말씨를 사용한다.

37

불편한 질문을 피하고 새로운 대화를 이어 가기

상대가 불쾌감을 느낄 수 있는
'사적인 질문'을 하지는 않나요?

강의를 하다 보면 직장 내 MZ 세대들에게 "선배가 사적인 것을 물어볼 때 불편한데, 어떻게 대응해야 할까요?"라는 질문을 자주 받습니다. 이럴 때 현명하게 대처하면서도 원만한 사회생활을 유지하는 방법은 무엇일까요? 다음 대화를 통해 효과적인 대응법을 함께 생각해 볼까요?

A "주말에는 뭐 했어요?"

B (그건 사생활 아닌가….) "그냥 잘 쉬었어요."

A "여자친구랑은 만났어요?"

B **"아, 네…."**

A "좋겠다~ 연애할 때가 좋지. 요즘은 데이트할 때는 뭐 해요?"

B **"…." (어떻게 해야 이런 말을 안 듣지…?)**

직장 선배 A는 후배 B에게 이런저런 질문을 건넵니다. 하지만 B는 사적인 질문이 불편해 별로 답하고 싶지 않아요. 대놓고 거절하기 어려워 불편한 내색을 했지만, A는 이를 눈치채지 못한 듯합니다.

안타깝지만 선배 입장에서는 이러한 질문이 '친밀감을 쌓는 과정'으로 여겨질 가능성이 큽니다. 많은 선배 세대는 일 이야기만으로는 서로 친해지기 어렵고, 친밀해야 업무도 원활하게 진행된다고 믿는 경향이 있기 때문입니다. 또한 선배가 되면 후배와 함께할 때 대화의 공백을 채우고 분위기를 주도해야 한다는 부담을 느낄 수도 있거든요. 그러나 후배의 입장은 다를 수 있죠. 직장 선배와 업무 외의 사적인 대화를 나누고 싶지 않을 수도 있고, 친한 사람이라면 가능하겠지만 선배와 사적인 이야기를 나눌 만큼 충분히 가까운 사이가 아니라고 판단할 수도 있기 때문이에요.

사적인 질문: 상대가 허용하지 않은 개인적인 질문은 불편함과 불쾌감을 줄 수 있습니다.

불편한 주제가 오갈 때는 '원하는 화제로 바꾸는 말씨'를 활용해 보세요. 대부분의 경우, "그런 질문은 불편합니다"라고 직접 말하기 어려워 억지로 대화를 이어 가며 괴로움을 키우게 되거든요. 하지만 어쩌면 선배 역시 그런 상황을 원하지 않을 수 있어요. 이럴 때는 상대의 질문에 간단히 답한 후, 내가 원하는 대화 주제를 자연스럽게 제안하는 것이 좋은 대응 방법입니다.

예를 들어 "선배님, 요즘 하는 운동 물어봐 주세요~ 저 헬스 시작했어요!", "저 재테크 하고 있거든요. 말씀드려도 될까요?"라고 말하면서 편하게 답할 수 있는 주제로 대화를 유도하는 것이죠. 이때 중요한 요령은 친근한 태도로 말하는 것입니다. 상대가 불편한 사람이라는 게 아니라, 현재의 주제가 나에게 부담스럽다는 점을 부드럽게 전달하는 것이 핵심이에요. 그러면 상대도 자연스럽게 '더 이야기하고 싶지 않구나'라고 느끼고, 불필요한 어색함 없이 자연스럽게 대화를 이어 갈 수 있습니다.

'원하는 화제로 바꾸는 말씨' 연습

- ✔ **제 취미 물어봐 주세요. 저 자랑하고 싶은 취미 있거든요!**
- ✔ **선배님. 영화 토크 어떠세요? 저 이번 주에 영화 봤는데요~**
- ✔ **새로 시작한 재테크가 있거든요. 말씀드려도 될까요?**

한 기업의 전 직원을 대상으로 강연을 하던 중, 이런 질문을 받은 적이 있습니다. "점심시간이나 쉬는 시간에 다 같이 있는 자리에서 선배가 사적인 것을 자꾸 물어봐서 매우 불편합니다. 어떻게 해야 할까요?" 이런 고민을 듣고 저는 현장에서 구체적인 해결책을 제안했습니다. "그렇다면 다 같이 있을 때 서로 불편하지 않은 대화 주제를 미리 정하는 건 어떨까요?" 제안에 모두 동의했고, 함께 선정한 대화 주제는 취미, 건강, 운동, 재테크, 영화, OTT, 챌린지 등이었습니다. 그 외의 주제는 사전에 동의를 구하고 합의한 후에 대화하자고 규칙을 정해 보라고 말했습니다.

이런 방법이 다소 씁쓸하게 느껴질 수도 있지만, 어쩌면 후배뿐만 아니라 선배들도 후배들과 어떤 대화를 나누면 좋을지 고민하고 있을 수도 있거든요. 예를 들어 선배들이 "사적인 대화를 꼭 해야 할까요?", "요즘은 개인적인 이야기를 묻지 말라던데, 그럼 어떤 대화를 하면서 친해져야 할까요?" 이런 질문을 하는 경우도 많거든요. 결국 서로 각자의 입장에서 어려움을 느끼고 있는 것이죠.

사실 후배를 난처하게 하려는 의도보다, 친해지고 싶지만 어디서부터 시작해야 할지 몰라서 '자신이 아는 것'부터 꺼내는 경우가 더 많아요. 따라서 앞으로는 상대에게 곤란한 질문을 받았다면 혼자 끙끙 앓으며 대화를 피하지 말고, 불편하다고 솔직하게 말하거나 새로운 화제를 제시해 보세요. 함께 일하는 동료로서 편안한 관계를 맺고 싶은 마음은 모두 같을 테니까요. 너무 까칠하지도, 지나치게 개방적이지도 않은 적절한 거리를 찾아 편안한 대화 주제를 함께 만들어 가 보세요.

A "주말에는 뭐 했어요?"

B (그건 사생활 아닌가….) "그냥 잘 쉬었어요."

A "여자친구랑은 만났어요?"

B **"네, 선배님. 저 요즘 하는 운동 물어봐 주세요~ 저 헬스 시작했거든요."**

A (불편한가 보네….) "오~ 헬스! 얼마나 됐어요?"

B **"이제 두 달 됐는데 생각보다 재밌어요! 선배님도 운동하세요?"**

말씨 미세 교정

사적인 질문이 불편할 때는 적극적으로 원하는 화제로 바꾸는 말씨를 사용한다.

38

상대의 마음을 알아주면서도 휘둘리지 않기

걱정한다는 이유로 타인의
'경계를 침범'하지는 않나요?

하지만 제 일입니다.

가족이나 친척, 오랜 친구처럼 가까운 관계에서는 '널 위한다'는 명목으로 서로의 개인적 영역을 침범하는 경우가 많아요. 이럴 때 상대를 비난하지 않으면서도 자신이 휘둘리지 않도록 하기 위해서는 어떤 말을 해야 할까요? 다음 대화를 통해 생각해 볼게요.

A "너 어쩌려고 그러니…. 그래서 내가 뭐랬어? 미리 좀 준비하랬잖아!"

B "…."

A "남들은 지금 자격증 하나라도 더 따려고 난리라는데, 맨날 그래서 되겠어?!"

B **"나도 아니까 그만 좀 해요!!"**

A "다 널 위해서 하는 말인 거 몰라? 응?!"

엄마 A는 취업 준비에 적극적으로 나서지 않는 듯한 자녀 B가 걱정됩니다. 하지만 다그치고 비교하는 말을 듣게 되자, B 역시 감정적으로 폭발하고 말았죠. 결국 이 대화는 서로에게 상처만 남긴 채 끝나고 맙니다.

친밀한 관계에서는 왜 이런 대화가 반복될까요? 우선, 경계라는 개념을 이해하는 것이 중요합니다. 경계는 크게 세 가지 유형으로 나뉩니다.

첫째, 서로 너무 멀리 떨어져 있어 남처럼 느껴지는 경직된 경계선Rigid Boundary, 둘째, 지나치게 가까워 서로의 영역이 불분명하고 과도하게 얽혀 있는 애매한 경계선Diffused Boundary, 셋째, 친밀함을 유지하면서도 각자의 독립성을 인정하고 존중하는 명료한 경계선Clear Boundary이 그것입니다. 앞의 대화는 서로의 경계가 명확하지 않은 애매한 경계선, 즉 지나치게 밀착된 관계를 보여 줍니다. 심리적으로 너무 가까이 붙어 있다 보니 필요 이상으로 간섭하게 되고, 그 과정에서 비난과 탓하는 말이 쉽게 오가는 것이죠.

애매한 경계선: 서로 지나치게 얽혀 있어 필요 이상의 간섭이 발생하고, 그 과정에서 무시와 비난의 말이 오갑니다.

이 대화에서 가장 필요한 것은 심리적 거리두기입니다. '명료한 경계를 세우는 말씨'를 연습할 필요가 있어요. 명료한 경계 세우기의 핵심은 어디까지가 나의 일이고, 어디부터가 상대의 일인지를 구분해, 권한과 책임의 소재를 분명히 하는 것입니다. 앞에서 소개한 사례에서 A는 자녀를 걱정할 수 있지만, 진로를 선택하고 실행하는 것은 결국 B 자신이 감당해야 할 몫입니다. 따라서 B는 A의 마음을 헤아리면서도 자신의 독립적인 영역을 분명히 표현할 줄 알아야 해요. 예를 들어 "걱정해 주시는 마음 알아요. 하지만 제가 방법을 찾을게요"처럼 표현할 수 있어요.

'명료한 경계를 세우는 말씨' 연습

- ✔ 걱정해 주시는 마음은 압니다만, 제가 방법을 찾을게요.
- ✔ 저를 위해 하시는 말씀인 거 알죠. 하지만 이건 제 일입니다.
- ✔ 우려하시는 마음 알지만, 제가 해결하고 싶어요.

인간관계에서 건강한 경계를 세우려면 먼저 심리적 독립이 필요한데요. 심리적 독립은 네 가지 요소로 구성됩니다.[3] 첫째, 스스로 자신의 일을 처리하고 결정하는 기능적 독립성Functional Independence, 둘째, 독립된 존재로서 자신의 태도, 신념, 가치를 지니는 태도적 독립성Attitudinal Independence, 셋째, 타인의 인정과 지지에서 벗어나 감정적으로 자율성을 유지하는 정서적 독립성Emotional Independence, 넷째, 관계 속에서 과도한 불만, 불신, 분노, 책임감, 죄책감을 짊어지지 않는 갈등적 독립성Conflictual Independence이 바로 그것입니다.[4]

이 중에서도 정서적 독립성과 갈등적 독립성에 주목해 볼게요. 내가 내리는 선택과 결정이 가까운 사람의 동의나 응원을 받지 못할 수도 있다는 사실을 받아들여야 합니다(정서적 독립성). 심지어 부모조차 나를 이해하지 못하거나 화를 낼 수도 있습니다. 그러나 그렇다고 상대를 비난할 필요는 없어요. 그것은 그 사람이 나를 걱정하는 방식일 수 있으므로, '우리는 서로 다르구나'라고 인정하면 돼요. 이때 상대가 느낄 실망감이나 서운함, 분노를 내가 책임질 필요도 없습니다(갈등적 독립성). 설령 서로의 감정을 헤아릴 수 있는 관계라 하더라도, 그 감정들을 내가 해결해 줘야 할 의무는 없어요. 상대의 걱정과 아쉬움은 그들의 몫입니다. 이러한 경계를 명확히 하는 것이 진정한 심리적 독립이며, 이를 서로 인정하는 관계가 건강한 존중의 관계입니다.

아끼고 사랑하는 마음으로 한 말이 오히려 서로에게 상처가 된다면, 이제부터라도 심리적 독립과 관계의 거리를 점검해 보세요. 만약 "저를 위해 해 주시는 말씀인 거 알아요. 하지만 이건 제 일이에요"라고 말하기 어렵다면, 그 관계는 지나치게 얽혀 있을 가능성이 큽니다. 이럴 때는 적절한 거리를 두고 경계를 다시 설정하는 연습이 필요해요.

A "너 어쩌려고 그러니…. 그래서 내가 뭐랬어? 미리 좀 준비하랬잖아!"

B **"저를 위해 해 주시는 말인 거 알아요. 하지만 이건 제 일이에요."**

A "그래. 걱정돼서 그렇지. 남들은 자격증 따느라 난리잖아!"

B **"걱정해 주시는 거 알죠. 하지만 이번에는 제 방식으로 해결하고 싶어요."**

A "그래…. 알아서 좀 잘해." (내가 나선다고 될 일도 아니고….)

그래서 내가 뭐랬어? 미리 좀 준비하랬잖아!

저를 위해 해 주시는 말인 거 알아요. 하지만 이건 제 일이에요.

그래. 걱정돼서 그렇지. 남들은 자격증 따느라 난리잖아!

걱정해 주시는 거 알죠. 하지만 이번에는 제 방식으로 해결하고 싶어요.

그래…. 알아서 좀 잘해.

내가 나선다고 될 일도 아니고….

말씨 미세 교정

친밀하다고 상대가 나의 영역을 침범한다면 명료한 경계를 세우는 말씨를 사용한다.

39

상대의 무례함에 직접적으로 대응하기

불편함을 피하려고 억지로
'미소 짓기' 하지는 않았나요?

우리는 지금까지 관계를 유지하면서도 나를 보호할 수 있는 다양한 말씨를 배웠습니다. 그러나 때론 보다 직접적으로 불편한 감정을 표현해야 할 때도 있습니다. 다음 대화를 통해 단호하게 대응해야 하는 순간의 말씨에 대해 생각해 볼까요?

A "하하! 꼭 너는 눈치 빠른 것처럼 말한다?"

B "무슨 말이야?"

A "네가 다른 사람 눈치 없다고 말해도 되나 싶어서…. 그렇지 않냐?! 지난번에~"

C "그렇긴 하지. 하하하!"

B **"하하하…." (내색하면 분위기 나빠지겠지?)**

A "저번에도 얘가 눈치 없이 행동하는 바람에~"

A는 다른 친구들 앞에서 B의 이야기를 가십의 소재로 삼고 있습니다. B가 알리고 싶지 않은, 그것도 정확하지 않은 에피소드를 꺼내며 웃음거리로 만드는 것이죠. 하지만 B는 분위기를 깨고 싶지 않아 그냥 넘겨 버립니다. 여기서 가장 큰 문제는 B가 자신의 불쾌함을 즉각적으로 인식

하지 못했다는 점입니다. B는 자신의 감정보다 다른 사람의 기분이나 전체 분위기를 우선시하며 맞추려 했어요. 그 결과, 자신의 감정을 무의식적으로 억누르고 차단해 버렸죠. 하지만 감정이 사라지는 것은 아닙니다. 집에 돌아가면 갑자기 분노가 치밀어 오르고, 당시 아무 말도 못 하고 웃어넘긴 모습이 떠올라 스스로에게 실망하고 화가 날 수도 있어요.

이처럼 불편한 상황에서도 자신의 감정을 즉각적으로 감지하지 못하거나, 다른 반응으로 대체해 버리는 사람들이 있습니다. 특히 분노 같은 감정을 억누르며 살아온 사람들은 그 감정을 회피하거나 다른 감정으로 치환하는 '감정 방어 전략'을 사용하기도 합니다. 대표적인 예로는 억지로 미소 짓기, 농담으로 넘기기, 화제를 바꾸기, 시선 피하기, 엉뚱한 사람에게 화내기, 말 많이 하기 등이 있어요. 정색해야 할 순간에 오히려 웃어넘기는 것도 그중 하나죠.

감정 방어 전략: 실제로 느껴야 할 감정을 회피하면,
상황에 적절한 말과 행동을 하지 못하게 됩니다.

상대의 무례함에 대처하려면, 분노나 불쾌감 같은 감정을 느끼는 그 순간에 '불편함의 기준을 알리는 말씨'를 사용할 수 있어야 해요. 상대가 했던 특정 말이나 행동을 콕 집어 "방금 그 말이 기분 나빴어"라고 불편함을 느낀 지점을 명확히 표현하는 것이 중요해요. 상대의 의도가 어떠했든, 나는 그 말로 인해 상처받았다는 사실을 확실하게 전달해야 합니다. 혹시라도 '이 정도로 기분 나빠해도 될까?', '내가 너무 옹졸한 거 아닐까?' 하는 생각이 든다 해도 스스로의 감정을 평가할 필요는 없어요.

불편함을 느끼는 기준은 사람마다 다르니까요. 중요한 것은 자신의 감정에 충실하고 그것을 신뢰하는 것입니다. 다만 상대가 받아들일 수 있는 방식으로 표현하는 것이 좋습니다.

'불편함의 기준을 알리는 말씨' 연습

- ✓ **지금 그 말 듣기 불편해.**
- ✓ **네가 한 말이 듣는 사람에게는 상처가 될 수 있어.**
- ✓ **방금 그 말은 기분이 나빠. 안 했으면 좋겠어.**

이를 실천하기 위해서는 나의 감정 방어 전략이 무엇인지부터 파악해야 해요. 만약 감정 방어 전략이 미소 짓기라면, 불편한 상황에서 억지로 웃는 습관부터 멈춰야 해요. 농담으로 상황을 넘기려는 습관이 있다면, 그러한 반응을 그만두어야 해요. 남들의 눈치를 보기보다, 내 안의 감정을 먼저 들여다봐야 합니다. 감정을 더 잘 알아차리려면 몸에서 일어나는 반응에 주의를 기울이는 연습이 도움이 됩니다. 예를 들어 심장이 빨리 뛰거나 몸이 경직되는 신호를 알아차리면, 그 안에 담긴 감정을 더 쉽게 인식할 수 있어요. 이렇게 습관적인 방어 전략을 멈추고 감정에 집중하는 연습을 하다 보면 "나 그 말이 불편해"라는 말도 자연스럽게 할 수 있어요.

무례한 말을 하는 사람들은 종종 타인을 이용하거나 깎아내림으로써 주목받거나 우위를 점하려는 의도를 가집니다. 때로는 공격적인 태도를 취하거나, 상대를 흥미의 소재로 삼기도 하죠. 이런 사람들은 자존감이 낮고, 자기 정체성이 불분명할 가능성이 크지요. 그렇기 때문에 "그 말은 저에게 상처가 됩니다"라는 말은 강력한 방어 수단이 될 수 있습니다. 우리는 상대의 말 자체를 통제할 수는 없지만, 그 말 때문에 두 번 상처받지 않도록 스스로를 지킬 수 있어요.

A "하하! 꼭 너는 눈치 빠른 것처럼 말한다?"

B "무슨 말이야?"

A "네가 다른 사람 눈치 없다고 말해도 되나 싶어서…. 그렇지 않냐?! 지난 번에~"

B **"방금 그 말, 불편하니까 그만해. 듣는 사람에게는 상처가 될 수도 있어."**

C "그만해라. 기분 나쁘다잖아."

A "알겠어. 미안."

말씨 미세 교정

무례한 말과 행동에는 직접적으로 불편함의 기준을 알리는 말씨를 사용한다.

자기 보호의 말씨로 불편한 대화에서 나를 지켜 보세요!

2022년 한국EAP협회와 비폭력대화연구소가 공동으로 조사한 '직장 내 무례함 경험 실태 조사'에 따르면, 직장인 100%가 무례함을 경험했으며, 85.7%는 적절히 대처하는 방법을 배운 적이 없다고 응답했습니다. 무례함은 직장, 학교, 일상 어디에서나 발생하며, 신체적·심리적 건강과 관계에 부정적인 영향을 미칩니다. 하지만 여전히 무례한 사람에게 적절히 대응하지 못하는 경우가 많아요.

《무례함의 비용》의 저자 크리스틴 포래스Christine Porath는 무례함의 대부분이 '무지'에서 비롯되며, 똑같이 무례하게 대응하기보다 '정중한 솔직함'을 통해 건설적인 대화를 이끌어야 한다고 말합니다.

이번 장에서는 비난, 면박, 욕설, 외모나 성격 비하와 같은 심각한 사례는 다루지 않았습니다. 이런 경우에는 주변에 도움을 요청하거나 물리적 거리를 두는 등 적극적으로 문제를 해결하는 방법이 필요해요. 반면, **'자기 보호의 말씨'**는 더 자주 마주치는 미묘하고 불편한 순간에 초점을 맞췄습니다. 우리는 이런 순간에도 자신을 보호할 수 있는 언어가 필요하니까요.

지나친 간섭과 충고를 받을 때는 **'역으로 질문하는 말씨'**를 사용해 오지

랖이 내 경계를 넘지 않도록 대화의 방향을 바꿔 보세요. 이는 남을 통제하고자 하는 심리를 역으로 활용하는 방법입니다. 애매하게 선을 넘는 말을 들었다면 **'숨은 의도를 묻는 말씨'**를 사용해 상대의 의도를 명확하게 드러낼 수 있도록 질문해 보세요. 이때는 천천히 말하며 상대의 눈을 바라보는 것이 효과적이에요.

지나치게 사적이거나 불편한 질문을 받을 때 끌려가지 말고 **'원하는 화제로 바꾸는 말씨'**를 사용해 대화의 흐름을 주도해 보세요. 가까운 사람일수록 심리적 독립을 지키고 관계에서 최소한의 경계를 유지하는 것이 필요합니다. '내' 일과 '네' 일을 구분해야 할 때는 **'명료한 경계를 세우는 말씨'**로 상대의 마음을 존중하면서도 내 영역을 지켜 보세요. 상대의 무례함에 직접적으로 대응해야 할 때는 **'불편함의 기준을 알리는 말씨'**를 사용해 그 말이 불편하고 상처가 된다고 명확하게 표현해 보세요. 미소나 농담으로 불편감과 분노를 억누르는 대신, 그 순간 느낀 감정을 그대로 드러내 보세요.

크리스틴 포래스는 정중함이 단순히 무례하지 않은 것을 넘어, 존중과 친절로 사람들을 고양시키는 적극적인 행동이라고 말합니다. 예를 들어 사람들과 눈을 마주치며 미소 짓기, 타인의 이야기에 경청하기, 말투와 몸짓 같은 비언어적 표현을 신경 쓰기, 고마움과 사과를 적절히 표현하기, 타인의 장점을 인정하기, 다른 의견을 존중하기 등이 이에 해당합니다.

무례함이 만연한 시대일수록 정중함은 내가 아끼는 사람들과 내가 머무는 곳을 지키며, 무엇보다 나 자신을 빛나게 하는 가장 큰 힘이 됩니다.

9부

휘둘리지 않고 단단하게

불평불만·뒷담화 대처 말씨

40

불편한 뒷담화에 가담하지 않으면서 듣기

같이 뒷담화하고 싶지 않은데도
"진짜?"라고 말하지는 않나요?

인류학적으로 뒷담화에는 순기능이 있다는 것을 알고 있나요? 뒷담화는 잘못된 행동을 하는 사람을 처벌하고, 공동체의 결속을 강화하는 역할을 하기도 해요. 그러나 뭐든지 때와 장소가 중요한 법이죠. 다음 대화를 통해 습관적으로 타인의 뒷담화를 하는 사람에게 어떻게 대응해야 할지 살펴볼까요?

A "진짜 같이 못 다니겠어. 사람들이 걔 다 싫어하잖아."

B **"진짜?" (난 잘 모르겠는데….)**

A "너무 개념 없는 거지. 지난번에는 말이야~"

B **"어쩐지…." (계속 듣고 있어야 하나?)**

A "너도 느꼈지? 그치?!"

A가 자리에 없는 C에 대한 뒷담화를 시작합니다. B는 C에 대해 잘 알지 못하지만, 정색하기 애매해 A에게 맞장구를 치며 대화를 이어 가고 있어요. 그러나 점점 자신도 모르게 뒷담화에 가담한 것 같은 기분이 들어 불편해집니다.

과학철학자 장대익 교수는 한 강의에서 뒷담화를 '관계의 털 고르기'

라고 표현하더라고요. 침팬지 사이에서 털 고르기는 일종의 스킨십으로 관계를 맺기 위한 행동인데요. 인간관계에서 뒷담화는 '우리끼리'의 결속을 강화하는 대표적인 사회적 활동을 의미합니다. 실제로 뒷담화는 집단 사회에서 문제가 되는 사람의 정보를 공유하고 이를 재평가함으로써 집단의 결속을 다지는 역할을 한다고 알려져 있습니다. 우리 중에도 뒷담화를 한 번도 해 본 적 없는 사람은 거의 없을 거예요.

하지만 타인의 뒷담화를 습관처럼 하는 사람이나, 나의 의사와 상관없이 나를 같은 편으로 끌어들이려는 사람은 주의해야 합니다. 이런 행동은 관계의 연대감을 위한 것이 아니라, 자신의 목적을 이루기 위해 나를 이용하려는 것일 수도 있으니까요. 앞으로 더 깊은 관계를 맺어야 하는 사람이라면, "다른 사람 이야기는 하지 말자" 또는 "나는 이 자리에 없는 사람 이야기를 하는 걸 별로 좋아하지 않아"라고 분명히 말하는 것이 좋습니다. 그래야 앞으로 생길 불필요한 오해를 피하고, 남의 말 하기를 좋아하는 사람들과 엮이지 않을 수 있어요. 하지만 이런 말을 하기가 어려운 관계도 있죠. 그럴 때 무심코 "정말?" 하고 맞장구를 치거나, "나도 저번에…"라는 식으로 분위기를 맞추다 보면, 자칫 나 역시 뒷담화에 동조한 것으로 여겨질 수 있습니다.

맞장구치기: 상대의 뒷담화에 호응하면,
자신도 모르게 뒷담화에 가담했다는 불편함을 느낄 수 있습니다.

단호하게 거절할 수는 없지만, 동의하고 싶지도 않은 순간에는 '심리적으로 거리를 두는 말씨'를 사용해 보세요. 심리적으로 거리를 둔다는 것은 대화에서 동질감이나 소속감을 느끼지 않도록 표현하는 것을 의미하는데요, 동질감의 본질은 '우리', '공통점'에서 출발합니다. 따라서 '우리', '나도' 같은 주어 대신 '너는', '당신은'이라고 주어를 분리해서 사용해 보세요. 또한 '구나', '보네' 같은 관찰자 입장의 종결어미를 사용하면 호기심을 보이지 않고 대화를 간단히 종결할 수 있습니다. 예를 들어 "너는 그렇게 생각했구나", "넌 그게 싫었나 보네"와 같은 표현을 사용해 보세요.

'심리적으로 거리를 두는 말씨' 연습

- ✔ **너는 그렇게 생각했구나.**
- ✔ **너는 불편했나 보네.**
- ✔ **넌 그게 싫었구나?**

뒷담화의 가장 큰 심리적 요인은 '사회적 불안'입니다. 누군가가 자신의 불안감을 자극하면, 이를 스스로 해결하지 못하고 상대를 낮춤으로써 자신을 고양하려는 전략을 구사하는 것이죠. 상대의 부족한 점을 말하는 순간만큼은 자신이 우월하다는 느낌을 받을 수 있으니까요. 그러나 그런 행위조차도 다른 사람이 어떻게 볼지 불안해서 동조를 구하려는 심리가 작용합니다. 즉, 타인의 동의를 얻음으로써 '나만 그렇게 생각하는 것이 아니다'라는 확인을 받고 싶은 거예요.

따라서 "가서 직접 말해. 나한테 이러지 말고!" 같은 강한 반응은 오히려 역효과를 낼 수 있습니다. 상대가 "너 사람 참 이상하게 만든다"라거나, 나에 대한 나쁜 말을 옮기고 다닐 가능성도 커지죠. 따라서 뒷담화에 참여하지 않도록 자리를 피하거나 "저는 잘 몰라요"라고 말하며 대화에서 가볍게 발을 빼는 것이 좋습니다. 어쩔 수 없이 이야기를 듣게 되었다면 '심리적으로 거리를 두는 말씨'를 활용해 보세요.

한편, 가끔은 나를 힘들게 한 사람의 뒷담화를 하면서, 내 편인 누군가와 더 끈끈해진 것 같은 기분이 들 수도 있습니다. 하지만 이런 방식이 습관이 되거나 범위가 넓어지면 문제가 됩니다. 이는 내가 직접 문제를 해결할 수 없다는 것을 널리 알리는 것이나 다름없으니까요. 결국, 나의 신뢰도를 스스로 깎아내리는 결과를 초래할 수 있으니 주의하세요!

A "진짜 같이 못 다니겠어. 사람들이 쟤 다 싫어하잖아."

B "너는 그렇게 느꼈나 보네~"

A "너무 개념 없는 거지. 지난번에는 말이야~"

B "넌 그게 싫었구나?"

A "응. 나는 눈치 없고 말만 많은 사람이 진짜 싫어."

말씨 미세 교정

남의 뒷담화에 맞장구치면서 가담하지 말고,
심리적으로 거리를 두는 말씨를 사용한다.

41

상대가 자꾸 불평할 때 긍정적 의도 찾기

불평하는 친구에게
"그만 좀 해라!"라고 말하지는 않나요?

빨리 끝내고 싶은 거지?

작은 일에도 습관적으로 투덜거리는 사람들이 있습니다. 이런 사람들은 부정적인 말을 하거나 짜증을 여과 없이 드러내어 분위기를 흐트러뜨리고 함께 있는 사람의 의욕까지 꺾어 버릴 때가 있죠. 다음 대화를 통해 불평하는 사람에게 어떻게 말하는 것이 좋을지 함께 생각해 볼까요?

A "아~ 이거 언제 다 하냐. 왜 이렇게 많아!"

B "많긴 하다~"

A "못 해, 못 해! 우리 둘이서 해도 며칠은 걸릴걸?"

B **"야, 그만 좀 투덜대! 안 할 거 아니잖아!" (짜증 나. 진짜….)**

A "힘들다고 말할 수는 있잖아!" (말도 못하게 해….)

A와 B는 함께 일을 하고 있습니다. 그런데 A가 일이 많다며 시작부터 계속해서 불평을 쏟아냅니다. 참다 못한 B는 "그만 좀 투덜대!"라고 짜증을 내고, 이에 A는 억울하다는 듯이 반박합니다.

상대가 습관적으로 투정을 부릴 때, 우리는 더 짜증을 내거나 화를 터뜨려 상대를 제압하거나 면박을 줄 때가 있지요. 이는 빠르게 상황을 진정시키려는 시도일 수 있지만, 실제로는 문제 해결에 도움이 되지 않습니다.

상대는 자신의 행동을 정당화하려고 어떤 방식이든 동원하여 반박하려 할 가능성이 크기 때문이에요. 그 대화를 조율하는 과정에서 오히려 더 많은 에너지를 소모하게 되죠. 따라서 이런 상황에서는 상대의 부정적인 감정에 휩쓸리거나 이를 바꾸려 하기보다, 문제 상황을 해결하는 데 초점을 맞추는 것이 더 현명합니다.

제압하기: 더 큰 짜증과 분노로 상대의 불평에 대응하는 것은 상황을 긍정적으로 바꾸지 못합니다.

겉으로 불평을 드러내는 사람들은 자신이 무엇을 원하는지 명확히 인식하지 못한 채 말하는 경우가 많습니다. 이는 자기 인식Self-Awareness이 부족한 상태를 의미합니다. 자기 인식이란 자신의 감정이나 욕구를 즉각적으로 알아차리는 능력을 말합니다. 습관적으로 불평을 터뜨리는 사람은 자신의 내면에서 일어나는 세밀한 감정이나 충족이 필요한 욕구를 스스로 인지하지 못하기 때문에, 그것을 명확하게 표현하지 못하는 거예요.

이럴 때 '긍정 의도를 발견하는 말씨'를 사용하면 대화의 분위기를 전환할 수 있습니다. 모든 행동과 말에는 긍정적인 의도, 즉 충족되지 못한 욕구가 포함되어 있습니다. 어떤 사람의 감정이 변하거나 행동에 변화가 생길 때, 그 뒤에는 반드시 충족되지 않은 욕구가 존재한다는 뜻이죠. 대화를 긍정적으로 풀어 가려면, 이러한 숨겨진 욕구를 찾아내는 것이 핵심이에요. 예를 들어 A가 할 일이 많다며 투덜거렸을 때, 스스로 '진짜 원한 것'은 무엇이었을까요? 만약 B가 A의 긍정적인 욕구를 이해했다면

"그만 좀 투덜대라!" 대신 "너도 빨리 끝내고 싶지?"(종결의 욕구), 혹은 "어서 쉬고 싶지?"(휴식의 욕구)라고 말함으로써 상대의 불평을 긍정적으로 전환할 수 있었을 것입니다.

'긍정 의도를 발견하는 말씨' 연습

- ✔ **빨리 끝내고 싶지?**
- ✔ **너도 잘하고 싶어서 그렇지?**
- ✔ **어떻게든 해 보려고 그러는 거지?**

흥미로운 점은 불평하는 사람에게 그의 숨은 욕구를 찾아 말해 주면 태도가 눈에 띄게 달라진다는 것입니다. "그래. 내가 하려던 말이 그거였어", "그래. 너는 내 마음을 알아주는구나" 하는 식으로 반응하면서 긍정적 의도에 따라 행동하려는 모습을 보이죠. 비록 스스로 자신의 의도를 정확히 알아차리지 못했더라도, 누군가 그것을 알아봐 주면 안심하며 만족감을 느끼게 되는 것이죠. 따라서 상대의 숨은 욕구를 이해하고, 이를 언어로 표현하는 능력을 습득한 사람은 언제, 어디서나 영향력 있는 존재가 될 수 있습니다. 이 능력은 사람의 동기를 이끌어 내고, 목표를 이루는 원동력이기 때문입니다.

요즘 사람들은 짜증이 습관이 되어 버린 것은 아닐까 싶을 정도로 자신의 감정을 인식하기도 전에 "아! 짜증 나!"라는 말을 습관처럼 내뱉습니다. 이렇게 습관적으로 짜증을 내다 보면, 뇌신경 회로가 짜증을 더 잘 내도록 변화하고, 감정을 조절하는 뇌신경의 조절 회로는 퇴화하게 됩니다.[5] 이는 나이가 들어도 뇌가 성장과 재조직을 통해 스스로 변할 수 있다는 '신경가소성' 때문이죠. 결국 뇌신경 회로가 부정적으로 변할지, 긍정적으로 변할지는 우리가 뇌를 어떻게 사용하는가에 달려 있습니다. 습관적으로 불편한 감정을 터뜨리기 전에, 그 감정 속에 숨겨진 긍정적 욕구, 즉 내가 진정으로 원하는 것이 무엇인지 차분히 인식하고, 이를 말로 표현하려는 노력이 필요합니다.

A "아~ 이거 언제 다 하냐… 왜 이렇게 많아!"

B "많긴 하다~"

A "못 해. 못 해! 우리 둘이 해도 며칠은 걸릴걸?"

B **"빨리 끝내고 싶지? 나도 그래. 우리 조금만 더 속도를 내 보자."**

A "하… 그래. 빨리 하자."

말씨 미세 교정

불평이 잦은 사람에게는 더 크게 화내는 대신 긍정 의도를 발견하는 말씨를 사용한다.

42

부정성에 휘말리지 말고 긍정성으로 전환하기

부정적인 분위기에 휩쓸려
"짜증 나네!"라고 말하지는 않나요?

그래도 다행스러운 건
우산이 있다는 거야.

부정적인 사람 곁에 있으면 나까지 부정적인 생각과 말을 하게 되고, 반대로 긍정적인 사람과 함께 있으면 좋은 영향을 받아 긍정적인 사람이 되는 것 같은 느낌이 들 때가 있습니다. 그렇다면 다음과 같은 상황에서 매사에 부정적이고 짜증을 잘 내는 사람과 있을 때는 어떻게 대응하면 좋을까요?

A "짜증 나. 하필 이런 날 비가 오냐. 더 힘들게."

B **"그니까…."**

A "하여튼 내가 날 잡으면 꼭 날씨가 이 모양이야!"

A "이러면 항상 뭔가 안 좋은 일이 생기던데."

A, B **"최악이다. 아주!"**

A와 B는 이동하는 길에 함께 비를 맞습니다. 그러자 어김없이 A가 투덜거리기 시작하고, B는 자연스럽게 그 분위기에 맞춰 호응 합니다.

A는 "내가 날 잡으면 꼭 날씨가 이 모양이야!"라고 말하며, 개인화Personalization를 통해 자신과 무관한 일을 마치 자신과 직접 관련된 것처럼 받아들입니다. 이에 B는 "이러면 항상 뭔가 안 좋은 일이 생기던데"라

고 반응하며, 과잉 일반화Overgeneralization를 합니다. 즉, 어쩌다 한두 번 있었던 경험을 모든 일이 항상 그런 것처럼 일반화해 버리는 것이죠. 결국 A와 B는 함께 "최악이다!"라고 말하며 파국화Catastrophizing를 해요. 이는 작은 일을 부정적으로 과장하여 최악의 결과처럼 여기게 만들어 버리는 행동입니다. 이렇게 두 사람은 서로 비합리적인 인지적 오류를 반복하며, 부정적인 정서를 더욱 증폭시키고 있습니다.

이러한 패턴은 심리적 동조Psychological Conformity 현상으로 설명할 수 있습니다. 동조란 사회적 영향력의 한 형태로, 집단의 기준에 맞춰 행동하거나 태도를 취하는 것을 의미합니다. 사람들은 다른 사람의 말, 행동, 의견, 패션 등을 따라 하거나, 의사 결정을 조율하며 소속감을 느끼고, 대세에 따라 안전한 선택을 하려 합니다. 이러한 동조 현상은 집단뿐만 아니라 두 사람 간의 관계에서도 발생할 수 있습니다. 습관적으로 부정적인 말을 하는 사람과 함께 있으면, 나도 모르게 분위기에 동조하며 상호 부정적인 패턴을 강화하게 되는 거죠. 그러나 이런 부정적 정서에 동조하는 것은 모두에게 해롭습니다. 즉, 부정적인 감정이 당연하게 받아들여지는 관계가 되면서 정서적 에너지가 소모되고, 발전적인 대화를 나누기 어려운 사이로 전락할 위험이 있습니다.

동조하기: 상대의 부정적인 말이나 태도에 동조하면,
부정적 정서를 허용하는 관계를 형성하게 됩니다.

부정적인 대화를 반복하는 관계를 바꾸고 싶다면, 먼저 나의 긍정적인 태도를 분명히 나타낼 필요가 있습니다. 이런 상황에서는 '그래도 다

행인 건~ 말씨'가 효과적입니다. 이때 부정적으로 말하는 상대의 감정에 휩쓸리지 않도록 주의하면서 그 안에서 긍정적인 면을 찾아 표현하는 것이 중요합니다. 예를 들어 상대가 "이러면 항상 뭔가 안 좋은 일이 생기던데"라고 말할 때 "그래도 다행인 건 우산이 있잖아"라고 답하는 거예요. 너무 덥다고 투덜거리는 친구에게는 "그래도 한창 뜨거울 때는 지났으니 다행이지"라고 대답할 수 있겠지요.

'그래도 다행인 건 말씨' 연습

- ✔ **다행인 건 우산을 가지고 나왔다는 거야.**
- ✔ **우산이 있어서 다행이지 않아?**
- ✔ **그래도 우산이 없었으면 어쩔 뻔했어. 다행이지!**

사람들은 자기 내면의 불편한 감정을 약한 사람, 만만한 사람, 혹은 이를 받아 주는 사람에게 치환Displacement하는 경향이 있습니다. 그러다 보면 엉뚱한 대상에게 감정을 터뜨리며 해소할 수도 있겠죠. 누군가에게 내가 그런 대상이 되도록 허락하지 마세요. 이때 타인의 부정적인 감정에 휘말리지 않으려면 거리를 두면서 태도를 분명히 해야 해요. 만약 거리를 둘 수 없는 사이라면, 모델링Modeling이 가장 효과적인 방법입니다. 모델링은 일종의 관찰 학습이에요. 즉, 친한 사람이나 내가 좋아하고 닮고 싶은 사람이 긍정적으로 말하는 예시를 자주 보고, 듣고, 접하면서 긍정성을 강화하는 겁니다. 일상에서 긍정적인 태도를 유지하면, 부정적인 친구는 자연스럽게 멀어지거나 상대가 나의 긍정성에 동조되어 변화가 생길 수도 있습니다.

심리학자 바버라 프레드릭슨Barbara Fredrickson의 '확장-구축 이론'에 따르면, 긍정 정서는 삶을 바라보는 우리의 관점을 확장하는 역할을 한다고 해요. 즉, 긍정 정서는 우리의 시야를 넓혀 주어, 삶을 살아가는 데 필요한 인지적·심리적·사회적·신체적 자원을 효과적으로 활용할 수 있도록 돕습니다.[6] 앞으로는 부정적인 생각과 말 대신, 긍정 정서를 채집하고 음미하는 연습을 해 보세요. 그리고 가능하면 긍정성을 나눌 수 있는 사람과 함께해 보세요. 우리의 뇌는 부정성에 민감하게 반응하지만, 서로 나누는 긍정성은 우리의 삶을 더 개방적이고 충만하게 만들어 줍니다.

A "짜증 나. 하필 이런 날 비가 오냐. 더 힘들게."

B "그니까…."

A "하여튼 내가 날 잡으면 꼭 날씨가 이 모양이야!"

B **"그래도 다행인 건 우산이 있잖아~ 내가 챙겨 왔어."**

A "그러게. 우산까지 없었으면 어쩔 뻔했냐…. 좋게 생각하자!" (덕분에 나까지 긍정적으로 변하는 것 같아.)

말씨 미세 교정

부정적인 말을 하는 상대에게 동조하지 말고 그래도 다행인 건 말씨를 사용한다.

43

말꼬리 잡는 상대에게 말려들지 않고 대응하기

말꼬리 잡는 사람에게
"말꼬리 좀 잡지 마!"라고 말하지는 않나요?

그래, 내가
하려던 말은 이거야.

대화를 방해하는 대표적인 나쁜 습관 중 하나가 '말꼬리 잡기'입니다. 이는 대화의 핵심 주제에서 벗어나 불필요한 논쟁을 유도하거나, 상대의 말을 가로막고 흐름을 방해하는 행동을 의미하지요. 다음 대화에서 B처럼 말꼬리를 잡을 때 A는 어떻게 대응하면 좋을지 생각해 볼까요?

A "우리 관계도 좀 변해야 하지 않을까 싶을 때가 있어."

B "변화? 우리가 문제가 있다는 거야?"

A "아니… 그런 뜻이 아니라~"

B "그런 뜻이지 뭐야! 네 태도만 봐도 알겠는데 뭘. 말 돌리지 말고."

A **"하… 말꼬리 좀 잡지 마."**

B "말꼬리 잡는 게 아니잖아. 네가 말을 정확히 해야지!"

A는 B와의 관계에 대해 이야기하고 싶어 합니다. 그러나 B는 A의 말에 귀를 기울이지 않고, 다른 주제를 끌어들여 A가 더 이상 말을 이어 나가지 못하도록 합니다. B는 "문제가 있다고?", "네 태도만 봐도 알겠는데 뭘"과 같은 말을 하며 대화의 논점을 흐트러뜨립니다. 이렇게 되면 더 이상 대화를 원활하게 이어 나가기 어려워집니다.

이럴 때 가장 피해야 할 말 중 하나가 "말꼬리 좀 잡지 마"입니다. 이 말은 상대가 쳐 놓은 덫에 걸려드는 것과 같아요. "말꼬리 잡는 게 아니잖아"라고 반박하기 시작하면, 대화는 본래의 주제에서 완전히 벗어나게 되고, 결국 엉뚱한 문제로 서로 공격하거나 해명하다가 지쳐 대화를 끝내게 될 수도 있겠지요. 어쩌면 그게 바로 B가 원하던 결말일지도 모릅니다.

반박하기: 말꼬리를 잡으려는 상대의 페이스에 휘말려 실랑이를 시작하게 됩니다.

상대가 말꼬리를 잡는다고 느껴진다면, 그 대화는 더 이상 진행하지 않는 것이 가장 좋습니다. 상대가 아직 대화할 준비가 되지 않았다는 신호로 받아들이고, 잠시 멈추거나 다음 기회에 대화하는 것이 더 효과적이에요. 그러나 그럴 수 없는 상황이라면 '주제에 집중하는 말씨'를 사용해 보세요. 상대에게 대화의 주도권을 내어 주지 않고, 내가 본래 하려던 말을 마무리하는 데에만 집중하는 것입니다.

우선 상대의 말에 "그래", "알겠어", "좋아" 등의 말로 반응해 보세요. 이는 상대의 말에 동의한다는 의미가 아니라, 상대를 더 자극하지 않기 위해 수용적인 태도를 보이는 것입니다. 그다음에는 "내가 하려던 말은…", "~에 대해 다시 말하자면…"과 같이 대화를 본래의 주제로 되돌려, 하려던 말을 끝맺으면 됩니다. 이때 앞서 상대방을 자극했던 문장을 반복하기보다는 우호적인 표현으로 바꾸는 것이 효과적입니다. 특히 두 사람이 동의할 수 있는 부분을 언급하는 것이 중요해요. 예를 들어 "우리 관계도 좀 변해야 하지 않을까 싶어"라는 말에 상대가 말꼬리를 잡기 시작했다면 "우리에게 더 좋은 변화라면 너도 원할 거라고 생각했어"처럼 상대가 받아들이기 쉬운 표현으로 조정하는 것이 좋습니다. 갈등 해결 전문가 아다르 코헨Adar Cohen은 이를 '보석 진술'이라고 부르며, 갈등 상황에서도 근본적으로 동의할 수 있는 진술로 돌아가면 관계를 더욱 단단히 유지할 수 있다고 설명합니다.[7] 그럼에도 상대가 여전히 부정적인 태도를 보인다면 "내 말이 불편했구나. 다음에 다시 이야기하자" 하면서 대화를 철수하면 됩니다.

'주제에 집중하는 말씨' 연습

- ✓ 알겠어. 내가 하려던 말은 이거야.
- ✓ 좋아. 대화 주제로 돌아가서
- ✓ 그래. 다시 ~에 대해서 말하자면

왜 사람들은 말꼬리를 잡을까요? 대화의 주도권을 되찾고 싶기 때문입니다. B는 A가 원하는 주제로 대화하고 싶지 않습니다. 관계의 변화가 필요하다는 사실을 인정하고 싶지 않거나, A로부터 그런 이야기를 듣는 것이 불편한 거예요. 자존심이 상하거나 감정적으로 불쾌할 수도 있죠. 그러나 "내가 지금은 그 이야기를 나누는 것이 불편해. 준비가 안 된 것 같아. 다음에 하자"라고 솔직하게 표현하려면 자신의 감정을 마주해야 합니다. 부정적인 감정을 인정하고 직면하기 위해서는 상당한 내면의 힘을 필요로 하기에 쉽지 않은 일이죠. 이런 감정을 솔직히 드러내는 것은 마치 벌거벗겨진 것 같은 느낌을 줄 수 있다고 해요. 그래서 덜 고통스러우려고 차라리 강한 척하거나, 상대를 밀어붙이는 거죠. 결국 진솔한 대화를 피하기 위해 트집을 잡고, 대화를 꼬아 버리는 방식으로 방어하는 것입니다. 어쩌면 자신이 솔직할 자신이 없어서 피하고 있다는 사실조차 인식하지 못할 수도 있어요.

스페인의 철학자 발타자르 그라시안Baltasar Gracian은 《아주 세속적인 지혜》에서 이렇게 조언합니다. "말꼬리를 물고 늘어지는 사람과 맞서지 마라." 만약 반박하는 상대가 다른 악의를 가지고 있다면, 논쟁이 위험한 늪으로 빠질 수 있습니다. 그렇기 때문에 즉각적으로 반박하는 대신 신중하게 대처해야 한다는 뜻입니다. 대화를 할 때는 타이밍을 고려하는 것도 매우 중요합니다. 내가 어떤 말을 하고자 할 때 상대가 준비되지 않았다면, 잠시 멈출 수도 있어야 해요. 상대는 지금 두렵고 불안한 상태일 수도 있으니까요. 이때 대화를 이어 가기 위해서는 서로의 마음과 말을 다시 정비한 후, 새로운 시점에서 다시 시도하는 것이 효과적입니다.

A "우리 관계도 좀 변해야 하지 않을까 싶을 때가 있어."

B "변화? 우리가 문제가 있다는 거야?"

A "아니… 그런 뜻이 아니라~"

B "그런 뜻이지 뭐야! 말 돌리지 말고."

A **"그래. 내가 하려던 말은, 우리에게 더 좋은 변화라면 너도 원할 것 같다는 거야."**

B "아, 더 구체적으로 말해 줄래?"

말씨 미세 교정

상대가 말꼬리를 잡으려 할 때는 휘말리지 말고 주제에 집중하는 말씨를 사용한다.

44

감정적인 상대를 자극하지 않고 도닥이기

흥분한 사람에게

"좀 진정해 봐"라고 말하지는 않나요?

흥분해서 감정적으로 말하는 사람에게 절대 하지 말아야 할 말은 무엇일까요? 반대로 그런 상황을 가라앉히는 데 도움이 되는 말은 무엇일까요? 다음 대화를 통해 나라면 A에게 어떻게 말할지 함께 생각해 볼게요.

A "그게 말이 돼? 말이 되냐고!! 내가 참는 것도 한계가 있지!!"

B **"흥분하지 말고 진정해 봐."**

A "지금 흥분 안 하게 생겼어?!!"

B **"좀 차분하게 말해야 알아듣지!"**

A "너 같으면 차분할 수 있을 것 같아?" (더 열받네!!)

A는 화가 많이 난 상태입니다. 더 이상 참을 수 없다며 목소리를 높이고 있죠. 이때 B가 사용한 "흥분하지 말고 진정해 봐", "좀 차분하게 말을 해야 알아듣지!" 같은 표현은 A를 진정시키려는 의도가 담겨 있음에도 별다른 효과를 보이지 않습니다. 오히려 이러한 말들은 A의 감정을 더욱 자극해 역효과를 낼 가능성이 큽니다.

흥분한 사람에게 하지 말아야 할 대표적인 말 중 하나가 "흥분하지 마"이고, 화가 난 사람에게 독이 되는 표현 중 하나가 "화 좀 내지 마"입니다. 이러한 말에는 화난 사람의 감정에 공감하지 않고, 단순히 상황을 빠르게 해결하려는 의도가 드러나기 쉽거든요. 그 결과, 오히려 상대의 감정을 더 격하게 만들 가능성이 크죠. 격앙된 심리 상태를 억지로 진정시키려는 노력은 오히려 반발을 초래할 수 있습니다.

진정시키기: 공감 없이 단순히 상황을 가라앉히려는 시도는 오히려 반발을 불러일으킬 수 있습니다.

상대가 흥분해 있을 때는 '나는 상황을 종결하는 것보다, 당신의 마음에 더 관심이 있다'는 메시지를 전달하는 것이 중요합니다. 이럴 때는 '당신의 이야기를 들려주세요 말씨'를 활용하면 도움이 됩니다. "무슨 일이 있었구나. 네 이야기를 들어 보자", "내가 듣고 있어. 진짜 하고 싶은 말을 털어놔 봐" 하는 식으로 상대가 품고 있는 부정적인 감정을 충분히 표현할 수 있도록, 경청자의 역할을 해 주는 것이 좋습니다.

'당신의 이야기를 들려주세요 말씨' 연습

- ✔ 그래. 네 얘기를 좀 더 들어 보자.
- ✔ 네가 진짜 하고 싶은 말이 뭔지 들려줘.
- ✔ 네 마음을 속 시원하게 털어놔 봐.

국내 1호 위기 협상 전문가로 알려진 이종화 대표는 인질극이나 자살 시도와 같은 위급한 상황에서 무력을 쓰지 않고 대화와 타협으로 사람을 살리고 문제를 해결하는 역할을 해 왔습니다. 이는 대화의 힘이 극대화된 대표적인 사례라 할 수 있겠죠. 그는 인질극이나 자살 시도와 같은 대치 상황에서 절대 하지 말아야 할 세 가지 표현을 언급했습니다. 바로 "진정하세요!", "이해합니다", "나오세요"입니다. 이러한 표현에는 상황을 빠르게 종결하고자 하는 의도가 상대에게 전달될 수 있어, 자칫 상대를 더욱 자극할 위험이 크기 때문이라고 설명합니다. 그는 대신 "힘들어 보이네요", "무슨 일인가요?"와 같이 상대의 감정에 공감하고 질문하는 접근법을 사용할 것을 제안합니다. 대부분의 문제는 감정에서 비롯되므로, 협상가는 상대의 감정에 공감하고, 그들의 이야기를 들어주는 역할을 해야 한다고 강조합니다. 미국 경찰국NYPD 위기 협상팀의 유니폼과 배지에는 '우리가 듣고 있습니다We Listen', '제게 이야기하세요Talk to Me'라는 문구가 적혀 있다고 해요. 이는 사람을 설득하는 가장 효과적인 방법이 '듣기'라는 점을 우리에게 다시 한 번 상기시켜 줍니다.

우리가 자주 저지르는 실수 중 하나는, 상대를 내가 원하는 대로 바꾸려 한다는 것입니다. 이해할 수 없는 사람, 뭔가 부족한 사람에게 어떻게 말하면 그들을 변화시킬 수 있을지 고민하곤 하죠. 그러나 앞서 살펴보았듯, 말이 통하지 않는 경우는 감정적인 문제와 얽혀 있는 경우가 많습니다. 이런 상황에서는 말을 해 주는 사람보다 들어 주는 사람이 필요해요. "내가 듣고 있어. 어떤 말이든 내게 해 봐. 여기는 안전해"라고 말하며, 상대를 기다려 주는 사람이 필요한 것입니다. 아프고 힘든 일이 있을 때는 감정을 밖으로 쏟아내야 마음이 편안해지니까요.

우리는 일상에서 크고 작은 협상의 순간을 자주 마주합니다. 감정적으로 흥분한 사람, 나와 생각이 다른 사람, 자기 의견만 고집하는 사람을 설득하고 싶을 때가 있죠. 앞으로 그런 상황에서는 "내 얘기 좀 들어 보세요"라고 말하기보다는, '당신의 이야기를 들려주세요 말씨'를 사용해 보세요. 상대의 이야기를 먼저 들으려는 태도를 보여 줄 때 비로소 우리 자신의 이야기를 전할 기회를 얻을 수 있을 테니까요.

A "그게 말이 돼? 말이 되냐고!! 내가 참는 것도 한계가 있지!!"

B **"화가 많이 났구나."**

A "화가 나지! 너 같아도 그랬을걸?"

B **"그래. 네 얘기를 더 들어 보자."**

A "아니, 내가 말이야~" (말을 하니까 좀 풀리네….)

흥분한 사람을 급하게 진정시키지 말고 당신의 이야기를 들려주세요 말씨를 사용한다.

불평불만 대처 말씨로 분위기에 휘둘리지 말고 대화를 주도해 보세요!

우리 주변에는 불평불만이 많은 사람이 있기 마련입니다. 같은 상황을 보아도 부정적으로 말하거나, 다른 사람을 흠집 내는 말을 쉽게 하거나, 말꼬리를 잡아 대화를 방해하는 사람들이 있죠. 이런 상황에서 중요한 것은 그들이 만들어 놓은 분위기에 휘둘리지 않고 중심을 잘 잡는 겁니다. 남이 원하는 대로 끌려가지 않고, 대화를 주도적으로 이끌어 나가기 위해서는 힘, 즉 주도성이 필요해요.

이때 주도성이란 환경에 휘둘리지 않고, 상황을 의도적으로 변화시키는 능력을 말합니다. 심리학자 반두라Albert Bandura는 이를 목표 설정, 행동 조절, 성찰 능력으로 정의했습니다.

주도적으로 대화를 이끄는 사람들은 대화의 목표가 분명합니다. 그 목표는 **나와 상대를 해치지 않으면서 대화의 핵심에 집중하는 것**입니다. 상대를 공격하지 않고도 분위기를 긍정적으로 만들어, 대화의 목표를 달성하는 데 초점을 맞추는 거죠.

이 과정에서 중요한 것은 **감정을 조절하고, 상대를 배려하는 언행을 선택하는 능력**입니다. 반두라는 주도성이 '효능감'과 밀접한 관련이 있다고 보았습니다. 즉, 스스로 할 수 있다는 믿음이 있고, 유능하게 대처한 경험이 많을수록 주도성이 더 잘 발휘됩니다. 이때 우리가 배운 **'불평불만 대처 말씨'**가 도움이 될 수 있습니다.

불편한 뒷담화를 들을 때는 **'심리적으로 거리를 두는 말씨'**로 원치 않는 대화에 끌려가지 마세요. 상대를 무안하게 만들 필요는 없지만, 괜히 분위기를 맞출 필요도 없어요. 계속 불평만 하는 사람에게는 **'긍정 의도를 발견하는 말씨'**를 사용해 숨겨진 욕구를 찾아보세요. 상대가 자신의 진짜 필요를 깨닫도록 도와주는 겁니다. 또 부정적인 사람에게는 동조하지 말고 **'그래도 다행스러운 건 말씨'**로 긍정적인 모델링을 보여 주세요. 말꼬리를 잡는 사람에게 휘말리지 않으려면 **'주제에 집중하는 말씨'**로 대화를 본래 흐름으로 되돌려 마무리하고, 상대가 준비되지 않았다면 다음 기회로 미루세요.

감정적으로 흥분한 사람에게는 "진정해 봐" 같은 말로 상대를 자극하는 대신 **'당신의 이야기를 들려주세요 말씨'**를 사용해 보세요. "내가 듣고 있어. 하고 싶은 이야기를 해 봐"와 같은 말로 상대가 감정을 자연스럽게 풀어낼 수 있도록 도와주세요.

마지막으로 마음의 성찰은 대화의 주도성을 키우는 데 도움이 됩니다. 내 마음을 살피며, 실수는 반성하고 잘한 점은 인정하는 시간을 가져 보세요. 성찰은 자책이 아니라 더 나아지기 위한 과정입니다. 성찰 없는 대화는 같은 실수를 반복하게 합니다. 다음에는 어떤 대화의 목표를 설정하고, 어떤 태도와 말씨를 사용할지 고민하며 실력을 키워 보세요.

10부

오해받지 말고 품위 있게
비호감 방지 말씨

45

혼자만 아는 것처럼 나서지 말고 참여시키기

물어보지도 않았는데
"그건 말이야"라고 나서서 말하지는 않나요?

너도 알겠지만~

세 가지 '척'을 하는 사람은 비호감이 되기 쉽습니다. 바로 '아는 척', '잘난 척', '있는 척'을 하는 사람 말이에요. 다음 대화에서 B는 자꾸 아는 척을 하면서 A의 짜증을 돋우고 있습니다. B가 호감형이 되려면 어떤 말씨를 배워야 할지 함께 생각해 볼까요?

A "재는 좀 예민한 것 같아."

B **"그건 다 열등감 때문이지. 열등감이 있는 사람은 끊임없이 남과 비교하면서~"**

A (또 시작이네….) "열등감이야 누구나 있는 거지. 뭐."

B **"근데 상처가 많은 사람 안에는 내면아이가 살잖아. 내면아이가 말이야~"**

A "…." (또 저렇게 아는 척하네. 자기만 아는 것처럼 왜 저래?)

A가 친구 C가 좀 예민한 것 같다고 말하자, B는 그 이유가 열등감 때문이라며 아는 척을 하기 시작합니다. A가 듣기 불편해져 "누구나 있는 거지. 뭐"라고 넘기지만, B는 또다시 어떤 책에서 읽었던 '내면아이'에 대해 설명하며 단정 짓는 말씨를 사용합니다. 이처럼 대화 중 누군가가 지

나치게 아는 척하면, 상대를 불편하게 만들 수 있습니다. 자칫 자신만 이 특별한 지식이나 정보를 가진 것처럼 보이려는 행동으로 비칠 수 있기 때문이죠. 그 결과, 상대를 무시하거나 소외시킨다는 느낌을 줄 수 있지요. 또한 상황을 정확히 알지 못하면서도 정답인 것처럼 결론을 내 버리는 언행은 상대를 더 이해하려 하기보다는, 자신의 지식을 과시하려는 것처럼 보이게 할 수 있습니다. 이런 모습은 경솔해 보일 뿐만 아니라, 상대의 반감을 살 가능성도 큽니다. 상대방은 "그걸 모르는 사람이 어딨냐", "잘 알지도 못하면서 아는 척하지 마"라고 말하고 싶을 수도 있습니다. 그러나 관계가 나빠질까 봐 차마 그렇게 말하지 못하고 넘어가는 경우가 많습니다.

아는 척하기: 혼자만 아는 것처럼 성급하게 나서면
상대가 더 이상 대화하고 싶지 않게 만드는 비호감이 됩니다.

무언가를 말할 때는 상대도 이미 알고 있을 가능성을 전제로 대화를 시작해 보세요. 특정 사람이나 상황에 대해 성급히 단언하지 않도록 주의하며 '너도 알겠지만 말씨'를 활용하는 것이 좋습니다. "너도 알겠지만~", "너도 들었겠지만~", "너도 느꼈을 것 같은데~"와 같은 표현을 사용하면 자신이 알고 있는 것에 대해 겸손한 태도를 보이며, 상대의 경험 역시 존중하는 자세를 드러낼 수 있습니다. 또한 상대를 배제하지 않는 '우리' 지향적인 말씨를 사용하면 혼자 나서는 것이 아니라, 모두가 함께 대화에 참여하고 있다는 느낌을 줄 수 있습니다.

'너도 알겠지만 말씨' 연습

- ✔ 너도 알겠지만~
- ✔ 너가 알고 있는 것처럼~
- ✔ 너도 들었겠지만~

아는 척을 하게 되는 이유는 여러 가지가 있을 수 있겠지요. 어떤 사람은 상대에게 도움을 주고 싶어서 자꾸 설명하게 된다고 말합니다. 그러나 이는 상대가 원하는 방법이 아닐 가능성이 높습니다. 상대가 정말 도움을 원했다면, 먼저 요청했을 테니까요. 또한 인정받고 싶은 마음이 크면 아는 척을 하게 될 수 있습니다. '나는 이런 것도 알고 있다'라는 사실을 드러내며, 주변 사람들로부터 "너는 어쩜 이렇게 모르는 게 없니?"라는 말을 듣고 싶어 하는 것이죠. 이러한 행동은 지적 우월감을 향한 욕구에서 비롯되기도 합니다. '너는 모르지만 나는 알고 있다'는 심리에는 다른 사람들보다 우월한 존재임을 확인받고 싶어 하는 마음이 담겨 있는 거죠. 그러나 아는 척을 통해 인정받고 우위를 차지하려는 의도는 성공하기 어렵습니다. 자신을 돋보이게 하려는 노력은, 오히려 자신의 유약함을 드러내는 결과를 초래할 수 있으니까요. 진정으로 깊은 지식을 가진 사람은 말할 때 더욱 신중한 태도를 보이며, 함부로 나서지 않거든요.

혹시 더닝-크루거 효과Dunning-Kruger Effect에 대해 들어 보셨나요? 이 현상은 능력이 부족한 사람일수록 자신의 능력을 과대평가하며, 스스로 많은 지식을 알고 있다고 판단하는 경향을 의미합니다. 이는 자신이 무엇을 모르는지조차 인식하지 못해 자신의 부족함조차 알아차리지 못하는 데서 비롯됩니다. 그러다 보니 이러한 사람들 중에는 과도하게 자신감 있는 태도를 보이는 경우가 많습니다. 흔히 '책 한 권 읽은 사람이 제일 무섭다'라는 말이 바로 이 현상을 잘 설명해 줍니다. 반면, 무엇이든 더 깊이 알아 갈수록, 자신이 모르는 것이 더 많다는 사실을 깨닫게 됩니다. 그래서 진정한 지식인은 말을 할 때 더욱 조심스럽고, 겸손한 태도를 보이게 되는 것이지요.

아는 척을 하느라 비호감이 된 사람에게 필요한 것은 지적 겸손Intellectual Humility일 겁니다. 지적 겸손이란 자신이 모든 것을 완벽하게 알고 있는 것이 아니며, 자신의 생각이 틀릴 수도 있음을 인정하는 태도를 의미합니다. 지적으로 겸손한 사람은 새로운 정보에 개방적이며, 자신의 지식을 과신하지 않습니다. 이들은 다른 사람의 의견을 먼저 듣고, 이를 바탕으로 자신의 생각을 유연하게 수정할 줄 압니다. 아는 척하며 나서기보다는 함께 대화하며, 서로의 생각을 나누는 과정을 더 중요하게 여깁니다.

A "재는 좀 예민한 것 같아."

B "너도 느꼈겠지만, 걔가 너랑 자꾸 비교한다는 느낌이 들더라고."

A "사실 나도 느꼈어. 괜히 열등감이 있나 싶기도 하고."

B "걔도 사정이 있겠지만, 너도 좀 신경 쓰일 것 같아. 어때?"

A "뭐, 아직은 괜찮아. 나도 왜 그런지 이유가 궁금하네." (참 신중한 친구야.)

재는 좀 예민한 것 같아.

너도 느꼈겠지만, 재가 너랑
자꾸 비교한다는 느낌이 들더라고.

사실 나도 느꼈어. 괜히
열등감이 있나 싶기도 하고.

재도 사정이 있겠지만,
너도 좀 신경 쓰일 것 같아. 어때?

뭐, 아직은 괜찮아.
나도 왜 그런지 이유가 궁금하네.

참 신중한
친구야.

혼자만 아는 척하면서 나서지 말고 너도 알겠지만 말씨를 사용한다.

46

내 얘기만 하지 않고 대화 점유율 나누기

대화 중에 너무 자주
"내가~"라고 말하지는 않나요?

대화의 점유율이 높은 사람과 이야기하는 것은 피곤할 수 있습니다. 혼자 너무 많은 말을 하는 사람은 자기 말에만 집중하기 때문에 듣는 다른 사람들을 지치게 하거든요. 다음 대화에서 B가 앞으로 대화할 때 더 신경 써야 할 말씨는 무엇인지 함께 생각해 볼까요?

A "올해는 해외여행 한번 가 보려고."

B **"아! 내가 가본 곳 중에 스위스가 진짜 좋더라."**

C "스위스? 거기 뭐가 유명한…."

B **"스위스에 가면 열차는 꼭 타 봐야지~ 나는 그 풍경이 얼마나 아름다운지~"**

A (네 얘기 좀 그만해라….) "나는 동남아도 아직 안 가봐서…."

B **"동남아도 좋지! 내가 추천하고 싶은 곳이 어디냐 하면~"**

A가 해외여행 이야기를 꺼내자, B는 "내가"라는 말과 함께 자신의 스위스 여행 이야기를 시작합니다. 이어서 C가 하려던 말도 가로채며 "나는"으로 대화의 흐름을 바꿔 버렸고, A가 동남아 이야기를 꺼내자마자 또다시 "내가" 하면서 대화의 점유율을 독차지해 버리네요. 생각만 해도

머리가 아프지 않나요?

이처럼 대화를 독점하는 사람은 자신의 이야기가 흥미롭다고 생각할지 모르지만, 듣는 사람들에게는 전혀 그렇지 않습니다. 대부분의 사람은 자신의 이야기를 하고 싶어 하니까요. 실제로 연구에 따르면 말을 할 때 우리 뇌에서는 행복 호르몬으로 불리는 신경 전달 물질인 도파민이 분비될 정도로 사람들은 이야기하는 것을 즐깁니다. 반면, 경청은 외부의 많은 정보를 처리해야 하므로 에너지 소모가 큽니다. 따라서 자기 말만 많이 하는 사람과 있으면, 상대는 대화에 흥미를 잃고 지루함을 느낄 수밖에 없어요.

독점하기: 다른 사람의 말은 경청하지 않고
자신의 이야기만 하는 태도는 상대를 피곤하게 합니다.

사회학자 찰스 더버Charles Derber는 가정과 직장에서 이루어진 수백 건의 대화를 조사하고 분류하며, 사람들이 자신에 대해 말하기를 얼마나 좋아하는지 정량적으로 분석했습니다. 그는 사람들이 자신과 무관한 대화에서도 즉시 자신의 경험을 꺼내는 '전환 반응'을 보인다는 사실을 발견했습니다.[8] 예를 들어 A가 "나 여행 좋아해"라고 말하면 B가 "나도 여행 좋아해서~" 하면서 대화의 초점을 자신의 이야기로 전환해 버리는 것이죠. 그는 대화에서 말을 줄이고 상대를 존중하려면, 전환 반응을 줄이고 지지 반응을 활용해야 한다고 제안합니다. 예를 들어 A가 "나 여행 좋아해"라고 말할 때 "어떤 여행이 가장 기억에 남아?" 하면서 상대가 더 많이 이야기할 수 있도록 유도하는 거죠.

이처럼 대화를 할 때는 내 말의 점유율을 낮추고, 다른 사람들이 적극적으로 대화에 참여할 수 있도록 돕는 것이 좋아요. 이를 위해 필요한 지지 반응을 저는 '대화에 초대하는 말씨'라고 부릅니다. 그러기 위해서는 우선, 다른 사람의 이야기를 중간에 끊지 말고 끝까지 경청해 보세요. 그리고 대화에 참여하지 않는 사람이 있다면, 질문을 통해 자연스럽게 끌어들이는 거죠. "너는 어떻게 생각해?", "~님은 어떤 것 같아요?"와 같은 말의 턴을 다른 사람에게 넘기는 방식을 사용하는 것이죠.

'대화에 초대하는 말씨' 연습

- ✔ **~는 어떻게 생각해?**
- ✔ **다른 사람 이야기도 들어 볼까?**
- ✔ **~님은 어때요?**

대화는 피자 한 판을 함께 나눠 먹는 것과 같습니다. 네 사람이 피자 한 판을 시켰다면, 각자 몇 조각씩 먹을지 자연스럽게 조율하게 되겠죠. 하지만 한 사람이 대부분을 먹고 한 조각만 남겼다면, 다시는 그 사람과 함께 먹고 싶지 않을 거예요. 대화도 마찬가지입니다. 네 사람이 한 시간 동안 대화한다면, 각자 N분의 1의 비율로 말의 분량을 나누는 것이 이상적입니다. 나는 내 몫인 1인분의 말을 하면 되고, 나머지 세 명도 각자의 몫을 채우면 되는 것이죠. 만약 자신의 몫을 충분히 가져가지 않는 사람이 있다면 '대화에 초대하는 말씨'를 활용해 보세요. 질문을 통해 상대가 자연스럽게 대화에 참여할 수 있도록 돕고, 지지 반응을 사용해 대화의 점유율을 나누는 태도를 보여 주세요.

나이가 들수록 경청보다는 말이 많아지는 경향이 있습니다. 이는 뇌의 연결망인 시냅스가 줄어들고, 새로운 경로를 형성하기 어렵기 때문이에요. 이러한 변화로 인해 자신의 신념과 가치를 더욱 고집하게 되고, 다른 사람의 이야기를 듣는 것이 점점 어려워질 수 있습니다. 그래서 나이가 들수록 '말은 줄이고, 지갑은 열라'는 말이 더욱 와닿습니다. 대화는 독무獨舞가 아니라, 조화로운 군무群舞와 같습니다. 자신의 이야기를 줄이고, 다른 사람을 대화에 초대해 전체적인 균형을 맞춰 보세요. 그러다 보면 어느새 더 오래, 즐겁게 함께하고 싶은 사람이 됩니다.

A "올해는 해외여행 한번 가 보려고~"

B **"어디 가고 싶은데?"**

A "동남아 쪽으로…. 발리도 괜찮을 것 같아!"

B **"발리도 좋지. 발리 가고 싶은 이유가 있어?"**

A "예능 프로그램에서 봤는데 완전 매력적이더라."

B **"맞아. 나도 또 가고 싶다~ 너는 어때? 가 보고 싶은 곳 있어?"**

C "나? 나는 거기 가 보고 싶더라~" (나한테도 물어봐 줘서 고맙네.)

올해는 해외여행 한번 가 보려고!

오. 어디 가고 싶은데?

동남아 쪽으로…. 발리도 좋을 것 같고! 완전 매력적이야.

맞아. 나도 또 가고 싶다~

넌 어때? 가 보고 싶은 곳 있어?

나? 나는 거기 가 보고 싶더라~

나한테도 물어봐 줘서 고맙네.

말씨 미세 교정

"내가" 하면서 내 이야기만 하려고 하지 말고 대화에 초대하는 말씨를 사용한다.

47

다름을 문제로 보지 말고 예외적 상황 포용하기

당연한 걸 모른다고
"어떻게 그걸 모르냐"라고 말하지는 않나요?

어떻게 그걸 모르냐.

모를 수 있지.

'당연히 그렇지', '누구나 그럴걸?'과 같이 생각하는 경향이 강하면 그렇지 않은 사람을 보면 이해가 되지 않고 짜증스러울 수 있죠. 아래 대화에서 A가 C를 바라보는 마음도 그랬나 봅니다. 그렇다면 A가 어떻게 다르게 말하면 좋을지 함께 생각해 볼까요?

A "너도 비트코인 해?"

B "조금 해 보다 말았어. 나는 못 하겠더라고."

C "근데 비트코인이 뭐야?"

A **"뭐야, 너 비트코인을 몰라? 초등학생들도 아는 걸 어떻게 아직 모르냐?"**

C "그런가?" (모를 수도 있지… 뭘 이렇게 무안을 주냐.)

A와 B가 비트코인에 대해 대화하고 있어요. 그때 C가 "비트코인이 뭐야?"라고 묻자, A는 C가 이상하게 느껴집니다. '당연히 그 정도는 알아야지', '요즘 시대에는 누구나 다 알지'라는 생각 때문입니다. 그래서 A는 결국 "초등학생도 아는 걸 어떻게 아직 모르냐?"라는 말을 내뱉고 말았죠. 그 말을 들은 C는 민망하고 무안해졌습니다.

A는 대화를 할 때 '단정 짓기'와 '당연시하기'를 사용하고 있습니다.

'단정 짓기'란 한정된 정보나 자신의 기준만으로 상황을 평가하고, 결론을 내려 버리는 태도입니다. 반면 '당연시하기'는 자신의 기준이 '당연히 옳다'고 여기며, 나와 다른 기준은 '당연히 틀리다'고 판단하는 태도입니다. 대화를 할 때 '단정 짓기'와 '당연시하기'를 사용하게 되면, 본의 아니게 무시하는 듯한 인상을 주어 상대방을 당황스럽거나 무안하게 할 수 있어요. 나와 다른 기준을 '큰 잘못'으로 여기거나, 상대에게 '결함이 있는 것처럼' 보이게 하기 때문입니다. 이처럼 자신이 아는 것만이 정답인 듯 말하는 사람은 대개 고집스럽고 신경질적이라는 인상을 줄 수 있습니다. 또한 이런 태도를 보이는 사람은 서로의 다른 의견을 존중하며 함께 배워 나가는 대화 상대로 느껴지지 않아요. 오히려 상대는 비난받거나 공격받을까 염려하며 경계하게 되지요.

'그럴 수도 있지 말씨' 연습

- ✓ **그럴 수 있지.**
- ✓ **처음 들어 본 사람도 많지.**
- ✓ **어떻게 다 알 수 있어.**

생각이나 기준이 나와 다르다고 해서 상대를 문제가 있는 것처럼 대하지 않도록 주의해야 해요. 다른 예외적 상황을 포용하고 싶다면 의식적으로 '그럴 수도 있지 말씨'를 사용하는 것이 도움이 됩니다. "어떻게 그걸 몰라?"라고 말하기보다는 "그럴 수 있지", "처음 들어 볼 수도 있지"라고 반응하면서 개방적이고 유연한 태도를 보이는 것이 중요합니다.

당연시하기: 내 기준에서 옳고 그름을 단정 짓는 태도로 대화하면 상대를 문제적으로 바라보게 됩니다.

사회심리학에는 '허위 합의 효과False-Consensus Effect'라는 개념이 있습니다. 이는 실제보다 더 많은 사람이 자신의 의견에 동의할 것이라고 착각하는 현상을 말합니다. 사람들은 자신의 생각이 매우 일반적이라고 여기며, 대부분의 사람들도 자신과 같은 생각을 할 것이라고 오해하기 쉽습니다. 심리학자 리 로스Lee Ross의 실험이 이를 잘 보여 줍니다. 여기서 특히 눈여겨볼 것은 실험 참가자들이 자신과 의견이 다른 사람들을 '비정상적'이라고 낙인찍는 경향이 있었다는 겁니다. 특히 참가자들은 자신과 다른 생각을 가진 사람들을 '유머 감각이 없는 경직된 사람들', '바보 천치들', '언제나 자신을 중심에 세우려는 사람들'이라고 부정적으로 평가하는 태도를 보였습니다. 우리가 대화할 때 '다를 수도 있지', '그럴 수도 있어'라는 포용력을 가지지 못하면, 이와 비슷한 문제가 발생할 수 있습니다. 상대에게 '너는 틀렸어'라는 단정적인 태도로 말하게 되고, 더 나아가 "이걸 모른다고?"라며 짜증을 내거나, 상대를 무시하거나 가르치려 드는 태도로 이어질 수 있는 거죠.

혹시 도저히 이해할 수 없는 사람이 있다면, 내 생각 속에서 반복적으로 떠오르는 '당연히should', '누구나everyone', '반드시must' 같은 표현에 주목해 보세요. 이러한 고정된 생각에 사로잡히면, 말에 유연성과 포용성을 담기 어려워집니다. 다른 사람을 너그럽게 받아들이고 감싸 주는 포용력은 '나의 당연함'과 '너의 당연함'이 다를 수 있음을 인정하는 데서 시작되니까요. 이 깨달음이 없다면 나이가 얼마나 먹든 대화하기 부담스럽고 경직된, 이른바 '젊은 꼰대'가 될 수 있습니다.

A "너도 비트코인 해?"

B "조금 해 보다 말았어. 나는 못 하겠더라고."

C "근데 비트코인이 뭐야?"

A **"안 해 보면 잘 모를 수 있지! 비트코인이 뭐냐면~"**

C "그렇구나! 고마워~"

말씨 미세 교정

내가 생각하는 것과 다르다고 짜증 내고 무안 주지 말고 그럴 수도 있지 말씨를 사용한다.

48

은근한 반말에 주의하며 존대하기

나보다 어리다고 해서
"말 편하게 할게"라고 말하지는 않나요?

나? 3년 됐나?

저요? 3년 되었어요.

상대의 동의 없이 말을 놓는 사람들이 있습니다. 때로는 은근슬쩍 반말과 존댓말을 섞어 반존대를 사용하기도 하죠. 나이가 많거나 그 분야의 권위자라는 이유로, 혹은 특정 상황에서 상대가 참고 넘어갈 것이라고 생각해서 그럴 때가 많습니다. 하지만, 이제는 이러한 행동에 대해 더욱 경각심을 가지고 주의할 필요가 있습니다. 다음의 예시에서 B는 왜 A에게 말을 놓았을까요? 함께 생각해 보겠습니다.

A "일하신 지는 얼마나 되셨어요?"

B **"나? 한 13년 됐나?"**

A "일이 한창 많으시겠어요."

B **"아무래도 일이 몰릴 때니까. 그쪽은 요즘 어떤가?"**

A (아무리 선배여도, 왜 초면에 말을 놓지?) "저도 그렇죠. 뭐…."

A와 B는 일로 한두 번 만난 사이입니다. 차 한 잔하며 가벼운 대화를 나누던 중, B가 갑자기 말을 놓기 시작합니다. A는 기분이 나쁘지만 동종 업계 선배인 B에게 어떻게 말해야 할지 몰라 참으면서 B의 질문에 억지로 대꾸만 하고 있을 뿐입니다.

말을 놓는 사람들은 처음에는 맞장구를 칠 때 "네" 대신 "응응"으로 답하거나, 혼잣말을 하듯이 "~아닌가?", "~는 어떻지?"와 같은 표현을 사용합니다. 그러다 대화가 길어질수록 반말과 존댓말을 섞어 '반존대'를 하기 시작하죠. 독일 실존철학자 하이데거는 "언어는 존재의 집이다"라고 말했습니다. 이는 어떤 언어를 사용하는지가 곧 그 사람의 태도와 가치관을 반영한다는 의미입니다. 상대가 이렇게 말을 놓는다는 건 당신을 존중하지 않는 태도를 은연중에 드러내고 있는 것일지도 모릅니다. 어쩌면 상대는 자신이 무례한 행동을 하고 있다는 사실을 인식하지 못하거나, 나이가 어리거나 경력이 짧다는 이유로 당신을 가볍게 여길 수도 있어요. 이런 상황에서 A는 '내가 나이가 어리다고 저러는 건가?'라면서 존중받지 못한다는 생각에 불쾌감을 느낄 수밖에 없습니다. 하지만 반존대를 지적하는 것은 매우 민감한 피드백이기 때문에, 말을 삼키고 참고 있을 뿐이죠.

반존대 하기: 일방적으로 말을 놓는 것은
상대를 존중하지 않는 무례한 행동입니다.

상대와 말을 편하게 하고 싶다면 직접 물어보세요. "우리 동갑인데 말 편하게 해도 괜찮아요?"라고 상대의 동의를 구하거나, 상대가 먼저 "선배님이신데, 말 편하게 하시죠"라고 제안할 때까지 기다려 주세요. 그렇지 않다면, 끝까지 '합의된 존대어 말씨'를 사용하는 게 좋습니다. "응"이 아니라 "네", "나요?"가 아니라 "저요?", "3년 됐나?"가 아니라 "3년 되었어요"처럼 존댓말을 정확하게 사용하는 것이 중요합니다.

'합의된 존대어 말씨' 연습

- ✔ 저는, 제가.
- ✔ 네. 그렇습니다.
- ✔ 어떤가요? 어떻습니까?

반존대를 쓰는 사람들 중에는 자신에게 그런 습관이 있다는 것을 자각하지 못하는 경우도 종종 있습니다. 저도 직장 생활을 하면서 후배 중 한 명이 다른 사람의 이야기를 들을 때 "응", "그거~" 같은 표현으로 말을 놓아 당황했던 적이 있어요. 나중에 이런 말 습관에 대해 이야기할 기회가 있었는데, 그 후배는 놀라며 "아무도 그런 말을 안 해 주었어요"라고 하더라고요. 오랫동안 할머니와 함께 살면서 생긴 버릇 같다면서요. 이후부터는 의식적으로 존댓말을 사용하려 노력했습니다. 이처럼 다른 사람의 피드백을 고맙게 받아들이며 변화하려는 태도를 보이는 경우도 있습니다.

한편, '말을 편하게 해야 친해질 수 있다'고 믿는 경우도 있어요. 이를 일종의 친밀감의 표시로 여기며 격의 없이 말하는 것이죠. 하지만 이런 생각은 다소 나 중심적인 전제일 수 있습니다. 관계에서 친밀감의 정도와 그 표현 방식은 사람마다 달라요. 쉽게 말을 놓지 못하는 사람도 있고, 아직 서로 말을 놓을 만큼 가깝지 않다고 느낄 수도 있거든요. 반존대는 오히려 '나를 만만하게 보고 저러나?'와 같은 오해를 불러일으킬 수 있으므로 주의해야 합니다.

서열을 중시하는 사람들은 말을 쉽게 놓는 경향이 있습니다. 나이가 많거나, 경력이 오래 되었거나, 직급이 높다는 이유로 혹은 출신, 기수 등을 따져 자신이 우위에 있다고 판단하면 "내가 말 편하게 할게"라며 일방적으로 말을 놓기도 합니다. 경희대학교 사회학과 송재룡 교수는 〈사회사상과 문화〉에 실린 논문에서 한국어의 존비어(높임말과 낮춤말) 체계가 위계적 관계를 엄격하게 표현하는 언어 체계라고 설명합니다. 그는 존비어 그 자체에 위계 서열적 권위와 신분, 그리고 권력 관계와 차별이 반영되어 세대를 두고 재생산되고 있다고 지적합니다. 즉, 상대를 봐 가면서 낮춤말을 사용하는 것은, 위계적 권력 관계를 중시하는 사고가 반영되었다고 할 수 있습니다.

시대가 변함에 따라 말의 사용 방식도 달라져야 합니다. 이제는 사람을 위아래로 규정 짓는 수직적 위계질서가 아니라 '너 그리고 나'로 이어지는 수평적 존중 관계가 요구되는 시대입니다. '하던 대로'를 고집하는 것이 아니라, 변화의 흐름에 맞춰 자신의 언어를 조율할 줄 아는 사람이 관계에서 더 호감을 얻고, 영향력을 발휘할 수 있습니다.

A "일하신 지는 얼마나 되셨어요?"

B **"저요? 한 3년 되었어요."**

A "일이 한창 많으시겠어요."

B **"네. 그렇죠. 일이 몰릴 시기니까요. 요즘 정말 바쁘시죠?"**

A "저도 마찬가지예요. 저보다 선배시니까 말 편하게 하셔요."

말씨 미세 교정

나이가 어리다고 해서 말을 함부로 놓지 말고 합의된 존대어 말씨를 사용한다.

49

비관적으로 판단하지 말고 가능성 기대하기

미래에 대해

"딱히 기대는 없어"라고 말하지는 않나요?

내가 적응해 가야지.

냉소적인 사람과 대화를 하면 삶이 본래 비관적인 것처럼 느껴질 수 있습니다. 그들은 왜 그렇게 말하게 된 걸까요? 다음의 대화를 통해 B가 다시 배워야 할 말씨는 무엇인지 함께 생각해 보겠습니다.

A "회사 옮겼다면서? 축하해! 이제 좀 살 만해?"

B **"에휴. 직장인이 어디 가나 똑같지 뭐. 사실 딱히 기대는 없어."**

A "그래도 일은 괜찮지?"

B **"선임 때문에 할 수 있는 게 없어. 능력은 부족한데 자존심만 센 사람 같아."**

A "왜… 또?" (하. 얘랑 대화하면 나까지 힘 빠져….)

B가 이직을 했나 봅니다. A가 축하해 주고 있지만, B는 "어디 가나 똑같지", "기대는 없어", "선임은 능력은 부족한데 고집이 세"라고 말합니다. A는 대화를 이어 가고 싶었지만, B의 냉소적인 태도에 기운이 빠지고 매사에 시니컬한 친구에게 어떤 말을 더 건네야 할지 모르겠다는 생각이 듭니다.

냉소冷笑를 한자어로 풀이하면 '차갑고 쌀쌀한 웃음'이라는 뜻입니다. 즉, 어떤 대상이나 현실에 대해 체념하는 태도를 보이며 비웃는 상태를 의미해요. 냉소적인 사람에게는 두 가지 주요한 특징이 있습니다. 첫째, 비관적인 사고방식입니다. 이들은 어떤 상황에서도 부정적이고 어두운 면에 집중합니다. 가능성을 기대하거나, 변화를 시도하려는 의지를 잘 드러내지 않아요. 둘째, 타인과 집단을 불신합니다. 다른 사람의 동기, 의도, 행동을 쉽게 신뢰하지 않아요. 이러한 태도는 좌절감, 불만, 공격성, 허무함 등의 감정으로 이어지며, 자연스럽게 언어와 관계 속에서도 드러나게 됩니다.

냉소적인 사람들은 스스로에게 비판적인 셀프 토크를 반복하며, 사고의 폭이 점점 좁아집니다. 또한 긍정적인 감정을 느끼기 어려워지고, 우울을 경험할 가능성도 높습니다. 한마디로 행복하지 않은 경우가 많아요. 주변 사람들 역시 이들과 관계를 지속하는 데 어려움을 느껴 점차 멀어지게 됩니다. 결과적으로 냉소적인 사람들은 신뢰를 바탕으로 한 관계에서 서로 기회를 주고받는 일조차 어려워집니다.[9] 이러한 냉소적인 태도는 개인뿐만 아니라 집단에도 부정적인 영향을 미칩니다. 타인의 일에 대해 비관적이고 경계하는 태도는 성과 저하, 번아웃 증가, 이직률 상승, 부정행위 증가, 혁신 감소 등의 결과를 초래할 수 있어요.[10]

냉소적이기: 미래에 대해 비관적이고 타인을 불신하는 말과 행동은 사람들과의 관계를 멀어지게 만듭니다.

내가 평소에 냉소적인 말을 자주 한다는 것을 인식했다면, '긍정적 통제감의 말씨'를 사용하려고 노력해 보세요. 통제감이란 나의 의지, 선택,

행동이 환경에 영향을 미치거나 원하는 결과를 가져올 수 있다는 믿음을 의미합니다.[11] 냉소적인 시선은 대부분 '내가 통제감을 잃어버린 좌절의 경험'에서 비롯됩니다. 원하는 것을 얻지 못했을 때, 내가 할 수 있는 것이 아무것도 없다는 고통을 느끼고 나면 '더 이상 상처받지 않기 위해', 혹은 '자신을 보호하기 위해' 냉소적인 태도를 습득하게 되는 것이지요.

따라서 의도적으로 지금 내가 할 수 있는 것들을 찾아내고, 이를 긍정적으로 표현하는 연습을 하면 믿는 만큼 현실이 되는 플라시보 효과 Placebo Effect를 기대할 수 있습니다. 예를 들어 앞으로 "어디 가나 똑같지 뭐"라고 말하기보다는 "이제 내가 잘해 봐야지"라고 표현해 보세요. 또한 "선임 때문에 할 수 있는 게 없어"라는 말 대신 "배우는 기회가 될 거야"라고 열린 가능성의 관점에서 말해 보는 것입니다.

'긍정적 통제감의 말씨' 연습

- ✔ **내가 한 선택이니까 방법을 찾아봐야지.**
- ✔ **새로운 기회가 될 거야.**
- ✔ **할 수 있는 것부터 시작해 보자.**

냉소적 불신은 환경에 적응하는 한 가지 방식이기도 합니다. 이는 최악의 상황을 대비하고, 자신에게 닥칠 손실과 상처를 예방하려는 삶의 태도를 의미합니다. 때때로 이러한 태도가 '쿨하다', '지적이다'라고 보일 수도 있습니다. 그러나 독일 쾰른대학교 사회학 및 사회심리학 연구소 연구팀에 따르면, 이러한 삶의 방식은 성공적이지 않은 경우가 많습니다. 연구 결과에 따르면 냉소적인 사람들은 심장병이나 치매와 같은 질병에 걸릴 가능성이 더 높으며, 냉소적이지 않은 사람들에 비해 소득이 낮았습니다. 그 이유는 냉소적인 사람들이 다른 사람들을 신뢰하지 않아 협력을 피할 가능성이 높고, 착취로부터 자신과 자산을 보호하는 데 필요 이상의 자원을 투자하는 경향이 있으며, 다른 사람에게 도움을 요청할 가능성도 낮기 때문입니다.

물론 냉소적인 태도를 단번에 바꾸기는 쉽지 않겠지요. 그러나 '나에게 통제감이 있다'는 자기 확신이나 긍정적 신념은 실제로 통제력을 갖는 것만큼이나 중요합니다. 내가 긍정적인 영향을 미칠 수 있다고 먼저 믿는 것만으로도 심리적 적응과 행복감에 실제로 긍정적인 영향을 준다고 해요.[12] 그러니 당장 잘되지 않더라도 '내가 할 수 있는 것이 있다'고 믿고, 기대하며, 언어와 태도를 조금씩 바꿔 보기를 권합니다.

A "회사 옮겼다면서? 축하해! 이제 좀 살 만해?"

B **"고마워! 이제 내가 잘 적응해 가야지."**

A "그래. 다 하기 나름이지. 일하는 건 어때?"

B **"선임이 꼼꼼한 편이라 매일 깨지지만 배울 게 많아. 좋은 기회가 될 것 같아."**

A "넌 어디 가도 잘할 거야." (얘랑 대화하면 나까지 기분이 좋아져.)

기대가 없다는 듯한 냉소적인 태도로 말하지 말고 긍정적 통제감의 말씨를 사용한다.

50

비아냥거리지 말고 진솔한 마음 드러내기

부럽다고 느끼면서도
"그 정도는 다 하지 않나?"라고 말하지는 않나요?

누구나 다
가는 거 아니야?

부럽다.
나도 가고 싶었어.

모두가 기뻐하고 격려하는 분위기 속에서, 혼자만 상대를 깎아내리며 빈정거리는 사람이 있습니다. 하지만 정작 본인은 그런 말이 오히려 자신의 나약함을 드러낸다는 사실을 알지 못하죠. 다음 대화를 통해 C가 B를 진심으로 축하하지 못하는 이유에 대해 함께 생각해 볼까요?

A "축하해~ 잘됐다."

B "그러게. 고생하니까 좋은 날도 오네."

C **"근데 요즘 대학원은 아무나 다 가는 거 아냐?"**

A "그렇지, 뭐…." (왜 저렇게 말해?)

C **"아니… 내 주변에서도 다들 대학원 간다고 하길래…."**

B가 대학원에 합격했습니다. 친구 A가 함께 축하하고 있지만, C는 기쁨을 나누지 못하네요. 오히려 "요즘 대학원은 아무나 다 가는 거 아냐?"라며 B의 성과를 깎아내리는 말을 하고 있어요. 스스로도 겸연쩍은지 애써 궁금하지 않은 설명까지 덧붙이고 있습니다.

이렇게 남을 비웃고 놀리는 태도는 친구와 자신을 비교한 결과일 가능성이 큽니다. 우리는 사회적 비교를 통해 자신이 남보다 부족하다고 느낄 때 열등감을 경험합니다. 오스트리아의 정신의학자 알프레드 아들러Alfred Adler는 인간이라면 누구에게나 열등한 부분이 있으며, 열등감 자체는 문제가 되지 않는다고 보았습니다. 그러나 자신의 열등감을 문제 삼고 건강하지 않은 방식으로 반응할 경우, 그것이 열등 콤플렉스로 이어질 수 있다고 했지요.

열등 콤플렉스는 사람들 간의 협력을 방해하고, 과도하게 자신의 우월성을 추구하는 데 몰두하게 만듭니다. 또한 열등감으로부터 자신을 보호하려는 시도가 상대를 공격하는 행동으로 나타나기도 합니다. 아들러는 이러한 공격 행동을 열등감을 해결하려는 시도의 일환으로 보았습니다. 그러나 이러한 공격 성향은 개인의 우울과 사회 불안을 초래할 뿐만 아니라, 대인관계에도 부정적인 영향을 미치는 것으로 알려져 있습니다.[13]

빈정거리기: 상대를 깎아내림으로써
자신의 열등감을 보상하려는 공격적인 행동입니다.

빈정거리는 말과 행동으로는 결코 원하는 목표를 이룰 수 없습니다. 타인을 깎아내리는 것은 상대를 낮춤으로써 자신을 높이고, 열등감을 감추기 위해 주의를 돌리려는 시도입니다. 그러나 이런 행동은 오히려 자신의 취약함을 인정하지 못하는 미성숙함을 다른 사람들에게 공공연하게 드러내는 것과 다름없습니다. 내 안의 열등감을 인정하는 용기를 내보세요. 말처럼 쉽지는 않겠지만, 열등감은 누구에게나 존재한다는 사실을 받아들이는 것에서 시작할 수 있습니다. 내가 원하는 것을 이미 가진 사람을 볼 때 부러움과 질투심이 들고, 조급함이나 속상함을 경험할 수 있어요. 이런 감정이 드는 것은 매우 자연스러운 일입니다. 따라서 이를 부정하거나 억지로 숨기기보다, 있는 그대로 존중하고 솔직하게 드러낼 수 있을 때, 열등감은 더 이상 큰 문제가 되지 않습니다.

다른 사람이 부럽고 상대적으로 내가 부족하다고 느껴질 때는 '속마음을 드러내는 말씨'를 사용해 보세요. 이는 자신의 마음과 말이 일치하도록 표현하는 것을 의미합니다. 일치적 대화란 "대학원은 누구나 가는 거 아니야?"처럼 상대를 깎아내리는 말 대신 "부럽다", "나도 가고 싶은데, 나중에 좀 도와줘"처럼 자신의 감정과 욕구를 진솔하게 표현하는 것입니다. 이처럼 마음을 진솔하게 표현하면 자신의 목표가 분명해지고, 타인의 지원도 자연스럽게 이끌어낼 수 있습니다.

'속마음을 드러내는 말씨' 연습

- ✔ **네가 먼저 해냈네. 진짜 부럽다.**
- ✔ **나도 해내고 싶어.**
- ✔ **좋겠다~ 나도 방법 좀 알려 줘.**

아들러는 인간을 미래지향적이며, 자신의 가능성을 실현하려는 존재로 보았습니다. 그는 열등감이 우월감을 쟁취하기 위한 좋은 원료가 될 수 있다고 했지요. 그러나 이를 긍정적으로 활용하려면, 자신의 부족한 점을 인정하고 수용하는 단계가 반드시 필요합니다. 우선 자신만의 목표를 세우고 열등감을 건강한 성장의 동력으로 삼아, 연습과 훈련이라는 노력의 과정을 거쳐야 해요. 대학원에 합격한 친구를 비방하거나 날을 세우는 행동은 순간적인 위안을 줄 수 있을지 모르지만, 결국 열등 콤플렉스를 더 강화시킬 뿐입니다.

아들러는 건강한 우월감을 추구하는 과정에서 '사회적 관심'을 특히 중요하게 여겼습니다. 사회적 관심이란 타인에게 공감하고 이해심을 발휘하며, 사회의 일원으로서 책임을 다하는 것을 의미합니다. 아들러는 개인이 이러한 사회적 관심을 통해 열등감을 극복하고, 삶의 의미를 추구할 수 있다고 보았죠. 관계 속에서 자신을 성장시킬 수 있다고 생각한 것입니다. 열등감으로 인한 괴로움은 남과 나를 비교하는 데서 비롯되며, 해결책은 타인을 향한 관심과 협력에 있습니다. 당신이 가진 우월을 향한 연료를 관계 속에서 키워 보세요. 그럴 때, 열등감은 나를 빛내는 유용한 자원으로 사용될 수 있습니다.

A "축하해~ 잘됐다."

B "그러게. 고생하니까 좋은 날도 오네."

C **"축하해! 진짜 부럽다. 나도 대학원 가고 싶었거든."**

B "그랬구나. 정보가 필요하면 언제든 말해 줘."

C **"나중에 합격 비결 좀 알려 줘~"**

말씨 미세 교정

열등감을 감추기 위해 타인에게 비아냥거리지 말고 속마음을 드러내는 말씨를 사용한다.

비호감 방지 말씨로 품위 있게 자신을 지키고 타인을 배려해 보세요!

행복하지 않을수록 더 행복을 찾게 되는 것처럼, 요즘같이 배려와 존중이 필요한 시대에는 '품위'라는 가치에 더욱 주목하게 됩니다. 사전적으로 품위品位란 사람으로서 지녀야 할 기품과 존경할 만한 태도를 의미하는데요, 그렇다면 품위 있게 대화하는 사람은 무엇이 다를까요?

독일의 저널리스트 악셀 하케Axel Hacke는 저서 《무례한 시대를 품위 있게 건너는 법》에서 "타인이 소중히 여기는 가치를 업신여기는 태도는 천박하다"라고 말하며, 품위를 '배려와 존중'으로 정의합니다. 철학자 칸트는 품위를 '내면의 도덕적 가치'로, 철학자 키케로는 '타인을 향한 모욕을 내려놓는 것'으로 해석했습니다. 독문학자 괴테르트는 품위를 이렇게 정의합니다.

"품위는 다치지 않을 권리이다. 이 권리는 칼이 들어오지 않도록 지켜준다. **이처럼 말로 스스로를 지키는 것이다.**"

이제 우리 스스로에게 질문해야 할 때입니다. 우리는 상대에게 보다 상냥하고 솔직하게, 다정하고 정중하게 말하고 있습니까? 타인이 소중히 여기는 가치를 존중하며 배려하는 태도를 지니고 있나요? 그리고 그것을 통해 나 역시 상처받지 않고 관계 속에서 스스로를 지키고 있습니까?

이를 위해 **'비호감 방지 말씨'** 연습부터 시작해 보면 어떨까요? 대화할 때 혼자 아는 척하기보다 **'너도 알겠지만 말씨'**를 사용해 겸손하게 시작해 보세요. 품위 있는 사람은 자신이 얼마나 많이 아는지를 알리는 것보다, 다른 사람들은 어떤 생각을 가지고 있는지를 나누는 데 집중합니다. 대화를 독점하지 마세요. 대화의 점유율을 나누기 위해 **'대화에 초대하는 말씨'**를 활용해 질문을 던지며 대화의 점유율을 나누어 주세요.

세상에 '당연히'는 없습니다. 당연시하는 태도를 버리고, 다른 사람들을 결함이 있는 것처럼 바라보지 마세요. 대신 포용력을 담아 **'그럴 수도 있지 말씨'**를 사용해 보세요. 나이가 적거나 경력이 부족하다고 해서 함부로 말을 놓지 마세요. 이때는 **'합의된 존대어 말씨'**로 상대를 존중하려고 노력해 보세요.

또한, 사람들과 함께할 때, 염세적인 말과 행동은 자제하는 것이 좋습니다. 대신 미래에 대한 기대감을 담아 **'긍정적 통제감의 말씨'**로 신뢰를 전달해 보세요. 마지막으로, 진솔하게 표현하세요. 괜히 비아냥거리며 남을 깎아내리지 말고 **'속마음을 드러내는 말씨'**로 "부럽다", "나도 해내고 싶어"라고 솔직하게 표현해 보세요. 이러한 말들은 당신이 얼마나 단단한 사람인지 보여 줄 거예요.

말로 타인을 배려하고, 나를 지킬 수 있으면 좋겠습니다. 서로 품위 있게 공존할 수 있는 선택을 위해 노력하며, 때로 실망하고 상처받더라도 품위의 의미를 찾아 나가길 바랍니다.

주

1 《성격 강점과 덕목: 핸드북 및 분류Character strength and virtues: A handbook and classification》, 크리스토퍼 페터슨Christopher Peterson, 마틴 셀리그먼Martin Seligman, 옥스퍼드 대학교 출판부New York: Oxford University Press, 2004.

2 〈아카데미 경영 저널Academy of Management Journal〉, "얼마나 자주 기부해야 하나요? 관대함과 빈도 또는 호의 교환이 사회적 지위와 생산성에 미치는 영향How Much Should I Give and How Often? The Effects of Generosity and Frequency or Favor Exchange on Social Status and Productivity", 프랜시스 플린Francis J. Flynn, 2003.

3 〈상담심리 저널Journal of Counseling Psychology〉, "늦깎이 청소년 부모로부터 심리적으로 분리하기Psychological separation of late adolescents from their parents", 애덤 호프먼Adam. J. Hoffman, 1984, 31(2), pp. 170-182.

4 〈상담학 연구〉, "가족건강성이 진로결정수준에 미치는 영향: 심리적 독립의 매개효과를 중심으로", 구경호, 김석우, 2014, 15(5).

5 《성공을 부르는 리더의 3가지 법칙》, 라스무스 호가드, 재클린 카터, 한국경제신문사, 2020.

6 《내 안의 긍정을 춤추게 하라》, 바버라 프레드릭슨, 물푸레, 2015.

7 《사람을 안다는 것》 데이비드 브룩스, 웅진지식하우스, 2024.

8 《직장으로 간 뇌과학자》, 존 메디나, 프런티어, 2024.

9 〈한국일보〉, "[최인철의 프레임] 냉소冷笑: 짧은 쾌감, 긴 역풍", 2017. 4. 13.

10 〈하버드 비즈니스 리뷰Harvard Business Review〉 "냉소주의가 당신의 직장을 망치게 두지 마라Don't Let Cynicism Undermine Your Workplace", 자밀 자키Jamil Zaki, 2022, 9-10.

11 〈지금의 심리학Current Psychology〉, "인식된 통제와 건강Perceived control and health", 케네스 월스턴Kenneth A. Wallston Ph.D., 바버라 월스턴Barbara Strudler Wallston, 셸턴 스미스 & 캐롤린 더빈스Shelton Smith & Carolyn J. Dobbins, 1897, 6, pp. 5-25.

12 〈한국심리학회지: 사회 및 성격〉, "한국판 Shapiro 통제 척도(K-SCI)의 타당화 연구", 성승연, 박성현, 2008, 22(4), pp. 111-132.

13 〈열등감이 공격 행동에 미치는 영향: 분노 표현 양식의 매개 효과〉, 장영혜, 아주대학교 대학원. 석사학위 논문, 2019.

내 말은 왜 오해를 부를까

1판 1쇄 발행 2025년 4월 15일
1판 2쇄 발행 2025년 4월 25일

글 김윤나 **그림** 고은지

펴낸이 이선희
기획·책임편집 양성미
교정교열 김정현 이선희
저작권 박지영 형소진 오서영 조경은
디자인 백주영
광고 디자인 최용화 장미나 이연우
마케팅 정민호 박치우 한민아 이민경 박진희 황승현 김경언
브랜딩 함유지 박민재 이송이 김희숙 박다솔 조다현 김하연 이준희
제작 강신은 김동욱 이순호
제작처 천광인쇄사

펴낸곳 (주)나무의마음
출판등록 2016년 8월 25일 제406-2016-000107호
주소 10881 경기도 파주시 회동길 210
문의전화 031-955-2689(마케팅) 031-955-2683(편집) 031-955-8855(팩스)
전자우편 sunny@munhak.com

ISBN 979-11-90457-38-5 (03190)

○ 나무의마음은 (주)문학동네의 계열사입니다
○ 잘못된 책은 구입하신 서점에서 교환해드립니다.
기타 교환 문의: 031-955-2661, 3580

www.munhak.com

내 말은 그런 뜻이 아니었는데….